AF561079

NOUVEAU

MANUEL MUNICIPAL.

TOME Ier.

OUVRAGES DU MÊME AUTEUR

QUI SE TROUVENT CHEZ LE MÊME LIBRAIRE.

DES DROITS ET DEVOIRS DE LA MAGISTRATURE ET DU JURY.
DES LIBERTÉS GARANTIES PAR LA CHARTE.
DES ÉLECTIONS SELON LA CHARTE ET LES LOIS DU ROYAUME.
DES ABUS EN MATIÈRE ECCLÉSIASTIQUE. 4 vol. in-8°. Les prix des trois premiers est de 6 fr. chacun; celui du quatrième est de 2 fr.
MANUEL DES OFFICIERS MUNICIPAUX, OU NOUVEAU GUIDE DES MAIRES, ADJOINTS ET CONSEILERS MUNICIPAUX, suivi d'un formulaire de tous les actes d'administration et de police administrative et judiciaire, 1 gros vol. in-18, 2e édition. Prix 3 fr., et franc de port, 3 fr. 50 c.

Orléans, imprimerie d'ALPHONSE GATINEAU, rue Royale, 78.

NOUVEAU

MANUEL MUNICIPAL

OU

RÉPERTOIRE DES MAIRES,

ADJOINTS, CONSEILLERS MUNICIPAUX, COMMISSAIRES DE POLICE, JUGES DE PAIX, PRÉFETS, CONSEILLERS GÉNÉRAUX,

ET

DES CITOYENS FRANÇAIS,

DANS LEURS RAPPORTS AVEC L'ADMINISTRATION, L'ORDRE JUDICIAIRE, LES COLLÉGES ÉLECTORAUX, LA GARDE NATIONALE, L'ARMÉE, L'ADMINISTRATION FORESTIÈRE, L'INSTRUCTION PUBLIQUE ET LE CLERGÉ,

CONTENANT L'EXPOSÉ COMPLET

DE LEURS DROITS ET DE LEURS DEVOIRS

SELON LA LÉGISLATION NOUVELLE, JUSQU'EN 1839;

SUIVI D'UN APPENDICE

Dans lequel se trouvent des Formules d'Arrêtés, Délibérations, Procès-Verbaux et autres Actes d'administration et de police municipale

PAR M. BOYARD,

PRÉSIDENT À LA COUR ROYALE D'ORLÉANS, MEMBRE DU CONSEIL GÉNÉRAL DU LOIRET ET DE L'ORDRE DE LA LÉGION D'HONNEUR, ANCIEN DÉPUTÉ.

DEUXIÈME ÉDITION

TOME Ier.

PARIS,

A LA LIBRAIRIE ENCYCLOPÉDIQUE DE RORET,

RUE HAUTEFEUILLE, AU COIN DE CELLE DU BATTOIR.

1838.

ils sont chargés de délivrer les extraits d'actes de l'état civil destinés à constater la position des réclamans, ou, à défaut de ces documens authentiques, de donner des certificats qui sont de plus signés par trois pères de famille domiciliés dans le canton, dont les fils sont soumis à l'appel, ou ont été appelés, et sont encore sous les drapeaux. (Art. 13.)

Telle est la part que les maires des communes prennent à l'exécution de la loi de recrutement. Quant aux engagemens volontaires, ils doivent être contractés devant les maires des chefs-lieux de canton seulement, et l'on doit se conformer à ce qui est prescrit par les art. 34 à 44 du Code Civil, et par l'art. 34 de la loi de recrutement, dont nous allons rapporter les termes.

LOI sur le Recrutement de l'Armée. (21 *mars* 1832) [1].

§. Ier. *Dispositions générales.*

Art. 1er. L'armée se recrute par des appels et des engagemens volontaires, conformément aux règles prescrites ci-après, titres II et III.

Art. 2. Nul ne sera admis à servir dans les troupes françaises, s'il n'est Français.

Tout individu né en France de parens étrangers sera soumis aux obligations imposées par la présente loi, immédiatement après qu'il aura été admis à jouir du bénéfice de l'art. 9 du Code civil.

Sont exclus du service militaire, et ne pourront, à aucun titre, servir dans l'armée,

1° Les individus qui ont été condamnés à une peine afflictive ou infamante;

2°. Ceux condamnés à une peine correctionnelle de deux ans d'emprisonnement et au-dessus, et qui en outre ont été placés par le jugement de condamnation sous la surveillance de la haute police, et interdits des droits civiques, civils et de famille (2).

Art. 3. L'armée se compose, dans les proportions qui résultent des lois annuelles de finances et du contingent,

1°. De l'effectif entretenu sous les drapeaux;

2°. Des hommes qui sont laissés ou envoyés en congé dans leurs foyers.

§. II. *Des Appels.*

Art. 4. Le tableau de la répartition, entre les départemens, du nombre d'hommes à fournir, en vertu de la loi annuelle du contingent, pour les troupes de terre et de mer, sera annexé à ladite loi.

Le mode de cette répartition sera fixé par la même loi.

Art. 5. Le contingent assigné à chaque canton sera fourni par un tirage au sort entre les jeunes Français qui auront leur domicile légal dans le canton, et

---

(1) Cette loi, du 21 mars 1832, prend la place de celle de 1818, qu'elle abroge dans un grand nombre de ses dispositions, en telle sorte que celle de 1818 ne doit plus être consultée.

Quant aux modèles d'actes de recrutement, de remplacement ou d'exemption, rien n'est changé; ils subsistent tels que nous les avons donnés dans notre 1re. édition.

(2) On s'est demandé si les vagabonds ou gens sans aveu déclarés tels par un jugement étaient exclus; le ministre de la guerre a décidé que non; et il ajoute dans son instruction du 30 mars 1832, que le conseil de révision ayant seul qualité pour prononcer l'exclusion, les maires doivent avoir soin de les porter sur le tableau de recensement, afin qu'ils prennent part aux opérations du tirage.

qui auront atteint l'âge de vingt ans révolus dans le courant de l'année précédente (1).

Art. 6. Seront considérés comme légalement domiciliés dans le canton,

1°. Les jeunes gens, même émancipés, engagés, établis au dehors, expatriés, absens ou détenus, si d'ailleurs leur père, mère ou tuteur ont leur domicile dans une des communes du canton, ou s'ils sont fils d'un père expatrié qui avait son dernier domicile dans une desdites communes;

2°. Les jeunes gens mariés dont le père, ou la mère, à défaut de père, sont domiciliés dans le canton, à moins qu'ils ne justifient de leur domicile réel dans un autre canton;

3°. Les jeunes gens mariés et domiciliés dans le canton, alors même que leur père ou leur mère n'y seraient pas domiciliés;

4°. Les jeunes gens nés et résidant dans le canton qui n'auraient ni leur père, ni leur mère, ni tuteur;

5°. Les jeunes gens résidant dans le canton qui ne seraient dans aucun des cas précédens, et qui ne justifieraient pas de leur inscription dans un autre canton.

Art. 7. Seront, d'après la notoriété publique, considérés comme ayant l'âge requis pour le tirage, les jeunes gens qui ne pourront produire, ou n'auront pas produit, avant le tirage, un extrait des registres de l'état civil, constatant un âge différent, ou qui, à défaut de registres, ne pourront prouver ou n'auront pas prouvé leur âge, conformément à l'art. 46 du Code civil.

Ils suivront la chance du numéro qu'ils auront obtenu (2).

Art. 8. Les tableaux de recensement des jeunes gens du canton, soumis au tirage d'après les règles précédentes, seront dressés par les maires (3);

1°. Sur la déclaration à laquelle seront tenus les jeunes gens, leurs parens ou tuteurs;

2°. D'office, d'après les registres de l'état civil et tous autres documens ou renseignemens.

Ils seront ensuite publiés et affichés dans chaque commune et dans les formes prescrites par les articles 63 et 64 du Code civil.

Un avis publié dans les mêmes formes indiquera les lieu, jour et heure où il sera procédé à l'examen desdits tableaux et à la désignation, par le sort, du contingent cantonal.

Art. 9. Si, dans l'un des tableaux de recensement des années précédentes, des jeunes gens ont été omis, ils seront inscrits sur le tableau de *l'année qui suivra celle où l'omission aura été découverte*, à moins qu'ils n'aient trente ans accomplis (4).

Art. 10. Dans les cantons composés de plusieurs communes, l'examen des ta-

---

(1) Les justifications de l'âge devront toujours être faites avant le tirage au sort; de sorte qu'aucune réclamation ne pourra être admise postérieurement. Voyez ci-après, art. 7.

(2) *Quel que soit leur âge*, dit l'instruction ministérielle du 30 mars 1832. Ainsi tout Français, considéré d'après la notoriété publique comme ayant vingt ans révolus et aura tiré au sort, sera, quel que soit réellement son âge, ou définitivement dégagé des obligations imposées par la loi ou définitivement soumis à ces obligations, suivant que son numéro sera ou ne sera pas porté sur la liste du contingent de son canton.

(3) Si les parens ou tuteurs ne se conformaient pas à cet article, ils encourraient les peines portées contre toute omission volontaire. (Voyez art. 38.)

(4) De l'année qui suivra celle où l'omission aura été découverte. Cette rédaction lève toutes les difficultés auxquelles donnait lieu la loi de 1818; la règle que les maires doivent suivre à l'égard des omis des classes antérieures est claire et précise : ils doivent les inscrire aussitôt qu'ils découvrent l'erreur, afin de les porter sur le tableau de recensement de l'année suivante, les jeunes gens eussent-ils 29 ans 11 mois 29 jours. La justification doit être faite d'après les dispositions de l'art. 7. Il s'ensuit que le conscrit qui a moins de 30 ans doit figurer au tableau comme devant partir, et que celui qui a 30 ans accomplis y doit être porté avec mention de sa réclamation.

bleaux de recensement et le tirage au sort auront lieu au chef-lieu de canton, en séance publique, devant le sous-préfet, assisté des maires du canton. Dans les communes qui forment un ou plusieurs cantons, le sous-préfet sera assisté du maire et de ses adjoints.

Le tableau sera lu à haute voix. Les jeunes gens, leurs parens ou ayant-cause, seront entendus dans leurs observations. Le sous-préfet statuera, après avoir pris l'avis des maires. Le tableau rectifié, s'il y a lieu, et définitivement arrêté, sera revêtu de leurs signatures.

Dans les cantons composés de plusieurs communes, l'ordre dans lequel elles seront appelées pour le tirage sera, chaque fois, indiqué par le sort (1).

ART. 11. Le sous-préfet inscrira en tête de la liste du tirage les noms des jeunes gens qui se trouveront dans le cas prévu par le second paragraphe de l'article 38 ci-après.

Les premiers numéros leur seront attribués de droit; ces numéros seront en conséquence extraits de l'urne avant l'opération du tirage (2).

ART. 12. Avant de commencer l'opération du tirage, le sous-préfet comptera publiquement les numéros déposés dans l'urne; et, après s'être assuré que ce nombre est égal à celui des jeunes gens appelés à y concourir, il en fera la déclaration à haute voix.

Aussitôt après, chacun des jeunes gens appelés dans l'ordre du tableau prendra dans l'urne un numéro qui sera immédiatement proclamé et inscrit. Les parens des absens, ou, à leur défaut, le maire de leur commune, tireront à leur place.

L'opération du tirage achevée sera définitive: elle ne pourra, sous aucun prétexte, être recommencée, et chacun gardera le numéro qu'il aura tiré (3).

La liste, par ordre de numéros, sera dressée au fur et à mesure du tirage. Il y sera fait mention des cas et des motifs d'exemption ou de déduction que les jeunes gens ou leurs parens, ou les maires des communes, se proposeront de faire valoir devant le conseil de révision dont il sera parlé ci-après. Le sous-préfet y ajoutera ses observations.

La liste du tirage sera ensuite lue, arrêtée et signée de la même manière que le tableau de recensement, et annexée avec ledit tableau au procès-verbal des opérations. Elle sera publiée et affichée dans chaque commune du canton.

§. III. *Des Exemptions.*

ART. 13. Seront exemptés et remplacés, dans l'ordre des numéros subséquens,

---

(1) C'est une première opération à laquelle le sous-préfet devra nécessairement procéder en présence des maires qui l'assistent. A mesure qu'un nom des communes sortira de l'urne, il sera inscrit sur une liste préparée à cet effet, et cette liste réglera l'ordre dans lequel l'appel des communes devra être fait au moment où les jeunes gens devront prendre leurs numéros.

(2) C'est-à-dire qu'on ne mettra dans l'urne que le nombre de numéros égal à celui des jeunes gens qui doivent tirer au sort, déduction faite du nombre des insoumis; ainsi en supposant qu'il y ait 100 jeunes gens appelés pour quatre omis, les nos 1, 2, 3, 4, seront retirés pour le compte des omis, et l'on mettra 96 numéros à partir du nombre 5.

(3) D'où il suit qu'il ne peut plus y avoir aucune réclamation à admettre de la part des conscrits qui, par suite d'une erreur quelconque, auraient pris un numéro avant leur tour d'appel. Cependant, si, malgré toutes les précautions prises, le nombre des conscrits était supérieur à celui des numéros, ceux qui n'en auraient point eu, seraient renvoyés au tirage de l'année suivante, dit encore l'instruction du 30 mars 1832. Mais il faut observer qu'ici l'instruction ajoute à la loi. L'abus possible avait été entrevu par les chambres; elles n'ont pu s'entendre sur le moyen d'y obvier, le ministre de la guerre l'a trouvé tout seul; mais qu'arriverait-il si un conscrit qui, en 1833, n'aurait pas trouvé de numéro dans l'urne lors de son appel, refusait de répondre à l'appel de 1834? La question est délicate. Nous ne croyons pas qu'il fût possible de le considérer comme insoumis.

les jeunes gens que leur numéro désignera pour faire partie du contingent, et qui se trouveront dans un des cas suivans, savoir :

1°. Ceux qui n'auront pas la taille d'un mètre cinquante-six centimètres ;

2°. Ceux que leurs infirmités rendront impropres au service ;

3°. L'aîné d'orphelins de père et de mère ;

4°. Le fils unique ou l'aîné des fils, ou, à défaut de fils et de gendre, le petit-fils unique ou l'aîné des petits-fils d'une femme actuellement veuve, ou d'un père aveugle ou entré dans sa soixante-dixième année :

Dans les cas prévus par les paragraphes ci-dessus notés 3°. et 4°., le frère puiné jouira de l'exemption, si le frère aîné est aveugle ou atteint de toute autre infirmité incurable qui le rende impotent ;

5°. Le plus âgé de deux frères appelés à faire partie du même tirage, et désignés tous deux par le sort, si le plus jeune est reconnu propre au service ;

6°. Celui dont un frère sera sous les drapeaux à tout autre titre que pour remplacement ;

7°. Celui dont un frère sera mort en activité de service, ou aura été réformé, ou admis à la retraite pour blessures reçues dans un service commandé, ou infirmités contractées dans les armées de terre ou de mer.

L'exemption accordée conformément aux nos. 6 et 7 ci-dessus sera appliquée dans la même famille autant de fois que les mêmes droits s'y reproduiront.

Seront comptées néanmoins en déduction desdites exemptions déjà accordées aux frères vivans, en vertu du présent article, à tout autre titre que pour infirmité.

Le jeune omis qui ne se sera pas présenté par lui ou ses ayant-cause pour concourir au tirage de la classe à laquelle il appartenait, ne pourra réclamer le bénéfice des exemptions indiquées par les nos. 3, 4, 5, 6 et 7 du présent article, si les causes de ces exemptions ne sont survenues que postérieurement à la clôture des listes du contingent de sa classe.

Art. 14. Seront considérés comme ayant satisfait à l'appel et comptés numériquement en déduction du contingent à former, les jeunes gens désignés par leur numéro pour faire partie dudit contingent qui se trouveront dans l'un des cas suivans :

1°. Ceux qui seraient déjà liés au service, dans les armées de terre et de mer, en vertu d'un engagement volontaire, d'un brevet ou d'une commission, sous la condition qu'ils seront, dans tous les cas, tenus d'accomplir le temps de service prescrit par la présente loi ;

2°. Les jeunes marins portés sur les registres-matricules de l'inscription maritime, conformément aux règles prescrites par les articles 1, 2, 3, 4 et 5 de la loi du 25 octobre 1795 (3 brumaire an IV), et les charpentiers de navire, perceurs, voiliers et calfats immatriculés, conformément à l'article 44 de ladite loi ;

3°. Les élèves de l'école polytechnique, à condition qu'ils passeront, soit dans ladite école, soit dans les services publics, un temps égal à celui fixé par la présente loi pour le service militaire ;

4°. Ceux qui, étant membres de l'instruction publique, auraient contracté, avant l'époque déterminée pour le tirage au sort, et devant le conseil de l'université, l'engagement de se vouer à la carrière de l'enseignement :

La même disposition est applicable aux élèves de l'école normale centrale de Paris, à ceux de l'école dite *de jeunes de langue*, et aux professeurs des institutions royales des sourds-muets ;

5°. Les élèves des grands séminaires, régulièrement autorisés à continuer leurs études ecclésiastiques ; les jeunes gens autorisés à continuer leurs études pour se vouer au ministère dans les autres cultes salariés par l'Etat, sous la condition, pour les premiers, que, s'ils ne sont pas entrés dans les ordres majeurs à vingt-cinq ans accomplis, et pour les seconds, que s'ils n'ont pas reçu la consécration dans l'année qui suivra celle où ils auraient pu la recevoir, ils seront tenus d'accomplir le temps de service prescrit par la présente loi ; (1)

6°. Les jeunes gens qui auront remporté les grands prix de l'institut ou de l'université.

---

(1) Le certificat de l'évêque devra donc attester que le jeune homme continue

Les jeunes gens désignés par leur numéro pour faire partie du contingent cantonal, et qui en auront été déduits conditionnellement en exécution des numéros 1, 3, 4 et 5 du présent article, lorsqu'ils cesseront de suivre la carrière en vue de laquelle ils auront été comptés en déduction du contingent, seront tenus d'en faire la déclaration au maire de leur commune dans l'année où ils auront cessé leurs services, fonctions ou études, et de retirer expédition de leur déclaration (1).

Faute par eux de faire cette déclaration, et de la soumettre au visa du préfet du département dans le délai d'un mois, ils seront passibles des peines prononcées par le premier paragraphe de l'article 3 : de la présente loi.

Ils seront rétablis dans le contingent de leurs classes, sans déduction du temps écoulé depuis la cessation desdits services, fonctions ou études, jusqu'au moment de la déclaration.

§ IV. *Du Conseil de révision.*

Art. 15. Les opérations du recrutement seront revues, les réclamations auxquelles ces opérations auraient pu donner lieu seront entendues, et les causes d'exemption et de déduction seront jugées, en séance publique, par un conseil de révision composé :

Du préfet, président, ou, à son défaut, du conseiller de préfecture qu'il aura délégué,

D'un conseiller de préfecture,

D'un membre du conseil général du département,

D'un membre du conseil de l'arrondissement, tous trois à la désignation du préfet,

D'un officier général ou supérieur désigné par le roi.

Un membre de l'intendance militaire assistera aux opérations du conseil de révision : il sera entendu toutes les fois qu'il le demandera, et pourra faire consigner ses observations aux registres des délibérations.

Le conseil de révision se transportera dans les divers cantons ; toutefois, suivant les localités, le préfet pourra réunir dans le même lieu plusieurs cantons pour les opérations du conseil.

Le sous-préfet, ou le fonctionnaire par lequel il aurait été suppléé pour les opérations du tirage, assistera aux séances que le conseil de révision tiendra dans l'étendue de son arrondissement.

Il y aura voix consultative.

Art. 16. Les jeunes gens qui, d'après leurs numéros, pourront être appelés à faire partie du contingent, seront convoqués, examinés et entendus par le conseil de révision.

S'ils ne se rendent point à la convocation, ou s'ils ne se font pas représenter, ou s'ils n'obtiennent pas un délai, il sera procédé comme s'ils étaient présens.

Dans les cas d'exemption pour infirmités, les gens de l'art seront consultés.

Les autres cas d'exemption ou de déduction seront jugés sur la production de documens authentiques, ou, à défaut de documens, sur des certificats signés de trois pères de famille domiciliés dans le même canton, dont les fils sont soumis à l'appel ou ont été appelés. Ces certificats devront en outre être signés et approuvés par le maire de la commune du réclamant.

Art. 17. Le conseil de révision statuera également sur les substitutions de numéros et les demandes de remplacement.

Art. 18. Les substitutions de numéros sur la liste cantonale pourront avoir lieu, si celui qui se présente à la place de l'appelé est reconnu propre au service par le conseil de révision.

---

ses études *au grand séminaire ;* c'est la condition de rigueur. Ils ne jouiront du bénéfice de la dispense que jusqu'à 25 ans ; si à cet âge ils ne sont pas admis dans les ordres majeurs, ils devront accomplir le temps de service prescrit par la loi.

(1) Ils doivent retirer une expédition de cette déclaration pour la soumettre au visa du préfet. Il est du plus grand intérêt, pour que les dispensés sentent la nécessité de faire promptement la déclaration, qu'ils aient connaissance des peines dont ils seraient passibles; les maires ne sauraient trop les prémunir contre la tentative de garder le silence, dans un intérêt mal entendu.

§. V. *Des Remplacemens.*

ART. 19. Les jeunes gens compris définitivement dans le contingent cantonal pourront se faire remplacer.

Le remplacement ne pourra avoir lieu qu'aux conditions suivantes :

Le remplaçant devra,

1°. Etre libre de tout service et obligations imposées soit par la présente loi, soit par celle du 25 octobre 1795 sur l'inscription maritime ;

2° Etre âgé de vingt à trente ans au plus, ou de vingt à trente-cinq, s'il a été militaire, ou de dix-huit à trente, s'il est frère du remplacé ;

3°. N'être ni marié, ni veuf avec enfans ;

4°. Avoir au moins la taille d'un mètre cinquante-six centimètres, s'il n'a pas déjà servi dans l'armée, et réunir les autres qualités requises pour faire un bon service ;

5°. N'avoir pas été réformé du service militaire ;

6°. Suivant sa position, être porteur des certificats spécifiés dans les articles 20 et 21 ci-après.

ART. 20. (1) Le remplaçant produira un certificat délivré par le maire de la commune de son dernier domicile. Si le remplaçant ne compte pas au moins une année de séjour dans cette commune, il sera tenu d'en produire également un autre du maire de la commune ou des maires des communes où il aura été domicilié dans le cours de cette année.

Les certificats devront contenir le signalement du remplaçant, et attester,

1°. La durée du temps pendant lequel il a été domicilié dans la commune ;

2°. Qu'il jouit de ses droits civils ;

3°. Qu'il n'a jamais été condamné à une peine correctionnelle pour vol, escroquerie, abus de confiance, ou attentat aux mœurs.

Dans le cas où le maire de la commune ne connaîtrait pas l'individu qui ferait la demande de ce certificat, il devra en constater légalement l'identité, et recueillir les preuves et témoignages qu'il jugera convenables pour arriver à la connaissance de la vérité.

ART. 21. Si le remplaçant a été militaire, outre le certificat du maire, il devra produire un certificat de bonne conduite du corps dans lequel il aura servi.

ART. 22. Le remplaçant sera admis par le conseil de révision du département dans lequel le remplacé a concouru au tirage.

ART. 23. Le remplacé sera, pour le cas de désertion, responsable de son remplaçant pendant un an, à compter du jour de l'acte passé devant le préfet. Il sera libéré si le remplaçant meurt sous les drapeaux, ou si, en cas de désertion, il est arrêté pendant l'année.

ART. 24. Les actes de substitution et de remplacement seront reçus par le préfet, dans les formes prescrites pour les actes administratifs.

Les stipulations particulières qui pourraient avoir lieu entre les contractans, à l'occasion des substitutions et remplacemens, seront soumises aux mêmes règles et formalités que tout autre contrat civil (2).

ART. 25. Hors les cas prévus ci-après, articles 26 et 27, les décisions du conseil de révision seront définitives (3).

ART. 26. Lorsque les jeunes gens désignés par leur numéro pour faire partie du contingent cantonal auront fait des réclamations dont l'admission ou le rejet dépendra de la décision à intervenir sur des questions judiciaires relatives à leur état ou à leurs droits civils, des jeunes gens en pareil nombre, suivant l'ordre du tirage, seront désignés pour suppléer ces réclamans, s'il y a lieu. Ils ne seront appelés

---

(1) Cet article investit les maires d'attributions importantes; les dispositions en sont si précises que nous n'y pouvons rien ajouter.

(2) L'administration n'a donc aucun droit de s'immiscer en rien dans ces arrangemens.

(3) Ainsi les conseils de révision n'ont point de juridiction supérieure à laquelle on puisse appeler de leurs décisions. Toutes les fois que des pourvois ont été portés au conseil d'état ils ont été déclarés non recevables.

que dans les cas où, par l'effet des décisions judiciaires, les réclamans seraient définitivement libérés.

Ces questions seront jugées contradictoirement avec le préfet, à la requête de la partie la plus diligente.

Les tribunaux statueront sans délai, le ministère public entendu, sauf appel.

§. VI. *Des décisions du Jury d'équité et du Conseil de révision.*

Art. 27. La disposition de l'article précédent, relative aux jeunes gens appelés conditionnellement, sera également appliquée, lorsqu'aux termes de l'article 41 ci-après des jeunes gens auront été déférés aux tribunaux comme prévenus de s'être rendus impropres au service, lorsque le conseil de révision aura accordé un délai pour production de pièces justificatives, ou, pour cas d'absence, lequel délai ne pourra excéder vingt jours (1).

Art. 28. Après que le conseil de révision aura statué sur les exemptions, déductions, substitutions, remplacemens, ainsi que sur toutes les réclamations auxquelles les opérations du recrutement auront pu donner lieu, la liste du contingent de chaque canton sera définitivement arrêtée et signée par le conseil de révision, et les noms incrits seront proclamés.

Les jeunes gens qui, aux termes des articles 26 et 27, sont appelés les uns à défaut des autres, ne seront inscrits sur la liste du contingent que conditionnellement et sous la réserve de leurs droits.

Le conseil déclarera ensuite que les jeunes gens qui ne sont pas inscrits sur cette liste sont définitivement libérés. Cette déclaration, avec l'indication du dernier numéro compris dans le contingent cantonal, sera publiée et affichée dans chaque commune du canton.

Dès que les délais accordés en vertu de l'article 27 seront expirés, ou que les tribunaux auront statué en exécution des articles 26 et 41, le conseil prononcera de la même manière la libération des réclamans ou des jeunes gens conditionnellement désignés pour les suppléer.

Le conseil de révision ne pourra statuer ultérieurement sur les jeunes gens portés sur les listes du contingent que pour les demandes de substitution et de remplacement.

La réunion de toutes les listes du contingent de chaque canton d'un même département formera la liste du contingent départemental.

---

(1) Sous la loi du 10 mars 1818, aucun délai ne pouvait être accordé aux jeunes gens convoqués, pour produire les pièces qu'ils n'avaient pu se procurer au moment de leur examen et qui devaient justifier de leurs droits à l'exemption ou à la dispense qu'ils réclamaient. Le conseil de révision ne pouvait différer sa décision; cela eut souvent de graves inconvéniens qui ne se reproduiront plus.

L'article 15 de l'ancienne loi exigeait aussi qu'il fût procédé à l'égard des absens *comme s'ils étaient présens*, et cette disposition qui avait pour objet d'assurer dans tous les cas le complément du contingent, eut un résultat tout contraire. En effet, de ce qu'un jeune homme que sa constitution physique rendait impropre au service, avait négligé de se présenter devant le conseil de révision, ou avait consenti à se cacher, il résultait son admission dans le contingent cantonal et par conséquent la libération d'un numéro plus élevé. Quand ensuite l'absent se représentait et que son inaptitude au service était constaté, cet homme était perdu pour l'armée.

Il résulte enfin de cet article que tout homme qui se sera mutilé ou qui aura contracté volontairement des infirmités pour se soustraire au service, et qui sous la prévention du délit prévu par l'art. 41 de la loi, aura été déféré aux tribunaux, sera remplacé conditionnellement dans le contingent de son canton ainsi que les jeunes gens qui auront obtenu des délais pour production de pièces justificatives. (Instruction ministérielle du 30 mars.)

Les maires et les familles doivent, dans l'intérêt de toute la population d'un canton, ne négliger aucun moyen de mettre promptement le conseil à portée de statuer définitivement sur le sort des absens.

§. VII. *De l'Incorporation.*

Art. 29. Les jeunes gens définitivement appelés, ou ceux qui ont été admis à les remplacer, seront immédiatement répartis entre les corps de l'armée, et inscrits sur les registres matricules des corps pour lesquels ils seront désignés.

Néanmoins ils seront, d'après l'ordre de leurs numéros et les proportions déterminées par les lois annuelles du contingent, divisés en deux classes, composées, la première, de ceux qui devront être mis en activité, et la seconde, de ceux qui seront laissés dans leurs foyers (1).

Les jeunes soldats compris dans la seconde classe ne pourront être mis en activité qu'en vertu d'une ordonnance royale.

Art. 30. La durée du service des jeunes soldats appelés sera de sept ans, qui compteront du 1er. janvier de l'année où ils auront été inscrits sur les registres-matricules des corps de l'armée.

Le 31 décembre de chaque année, en temps de paix, les soldats qui auront achevé leur temps de service recevront leur congé définitif.

Ils le recevront en temps de guerre immédiatement après l'arrivée au corps du contingent destiné à les remplacer.

Lorsqu'il y aura lieu d'accorder des congés illimités, ils seront délivrés dans chaque corps aux militaires les plus anciens de service effectif sous les drapeaux, et de préférence à ceux qui les demanderont.

Les hommes laissés ou envoyés en congé pourront être soumis à des revues et à des exercices périodiques qui seront fixés par le ministre de la guerre.

§. VIII. *Des Engagemens* (2).

Art. 31. Il n'y aura dans les troupes françaises ni prime en argent, ni prix quelconque d'engagement.

Art. 32. Tout Français sera reçu à contracter un engagement volontaire aux conditions suivantes :

L'engagé volontaire devra,

1°. S'il entre dans l'armée de mer, avoir seize ans accomplis, sans être tenu d'avoir la taille prescrite par la loi, mais sous la condition qu'à l'âge de dix-huit ans il ne pourra être reçu s'il n'a pas cette taille;

2°. S'il entre dans l'armée de terre, avoir dix-huit ans accomplis et au moins la taille d'un mètre cinquante-six centimètres;

3°. Jouir de ses droits civils;

4°. N'être ni marié, ni veuf avec enfans;

5°. Etre porteur d'un certificat de bonne vie et mœurs délivré dans les formes prescrites par l'article 20, et, s'il a moins de vingt ans, justifier du consentement de ses père, mère ou tuteur.

Ce dernier devra être autorisé par une délibération du conseil de famille.

Les conditions relatives, soit à l'aptitude militaire, soit à l'admissibilité dans les différens corps de l'armée, seront déterminées par des ordonnances du roi, insérées au Bulletin des lois.

Art. 33. La durée de l'engagement volontaire sera de sept ans.

En cas de guerre, tout Français qui n'appartient à aucun contingent, et qui a satisfait à la loi du recrutement, pourra être admis à contracter un engagement volontaire de deux ans. Ces engagemens ne donneront pas lieu aux exemptions prononcées par les nos. 6 et 7 de l'article 13 de la présente loi.

Dans aucun cas, les engagés volontaires ne pourront être envoyés en congé sans leur consentement.

---

(1) Voici comment le ministre de la guerre entend cette disposition. Il suppose que sur le contingent voté par la législature, la première moitié doit être mise en activité et la seconde *laissée en congé* dans ses foyers; il résulte de cette proportion, dit-il, que dans le canton dont le contingent est de 30 hommes, il y en aura 15 qui pourront être incorporés immédiatement, et 15 qui ne pourront être envoyés sous les drapeaux qu'en vertu d'une ordonnance royale.

(2) Voyez à la suite de cette loi, page 59, l'ordonnance du 28 avril sur les engagemens et rengagemens.

Art. 34. Les engagemens volontaires seront contractés dans les formes prescrites par les articles 34, 35, 36, 37, 38, 39, 40, 42 et 44 du Code civil, *devant les maires des chefs-lieux de canton* (1).

Les conditions relatives à la durée des engagemens seront insérées dans l'acte même.

Les autres conditions seront lues aux contractans avant la signature, et mention en sera faite à la fin de l'acte; le tout sous peine de nullité.

Art. 35. L'état sommaire des engagemens volontaires de l'année précédente sera communiqué aux Chambres, lors de la présentation de la loi du contingent annuel.

§. IX. *Des Rengagemens.*

Art. 36. Les rengagemens pourront être reçus même pour deux ans, et ne pourront excéder la durée de cinq ans.

Les rengagemens ne pourront être reçus que pendant le cours de la dernière année de service due par le contractant. A l'expiration de cette année, ils donneront droit à une haute-paie.

Les autres conditions seront déterminées par les ordonnances du roi insérées au Bulletin des lois.

Art. 37. Les rengagemens seront contractés devant les intendans ou sous-intendans militaires, dans les formes prescrites par l'article 34, sur la preuve que le contractant peut rester ou être admis dans le corps pour lequel il se présente.

§. X. *Dispositions pénales.*

Art. 38. Toutes fraudes ou manœuvres par suite desquelles un jeune homme aura été omis sur les tableaux de recensement, seront déférées aux tribunaux ordinaires, et punies d'un emprisonnement d'un mois à un an (2).

Le jeune homme omis, s'il a été condamné comme auteur ou complice desdites fraudes ou manœuvres, sera, à l'expiration de sa peine, inscrit sur la liste du tirage, ainsi que le prescrit l'article 11.

Art. 39. Tout jeune soldat qui aura reçu un ordre de route et ne sera point arrivé à sa destination au jour fixé par cet ordre, sera, après un mois de délai et hors le cas de force majeure, puni, comme insoumis, d'un emprisonnement qui ne pourra être moindre d'un mois ni excéder une année.

L'insoumis sera jugé par le conseil de guerre de la division militaire dans laquelle il aura été arrêté.

Le temps pendant lequel le jeune soldat aura été insoumis, ne comptera pas en déduction des sept années de service exigées.

Art. 40. Quiconque sera reconnu coupable d'avoir recélé ou d'avoir pris à son service un insoumis, sera puni d'un emprisonnement qui ne pourra excéder six mois. Selon les circonstances, la peine pourra être réduite à une amende de vingt à deux cents francs.

Quiconque sera convaincu d'avoir favorisé l'évasion d'un insoumis, sera puni d'un emprisonnement d'un mois à un an.

La même peine sera prononcée contre ceux qui, par des manœuvres coupables, auraient empêché ou retardé le départ des jeunes soldats.

Si le délinquant est fonctionnaire public, employé du gouvernement, ou ministre d'un culte salarié par l'État, la peine pourra être portée jusqu'à deux années d'emprisonnement, et il sera, en outre, condamné à une amende qui ne pourra excéder deux mille francs.

---

(1) L'engagement contracté devant tout autre maire serait considéré comme nul et non avenu. (Instruction ministérielle du 30 mars 1832.) Les maires de Paris sont considérés comme maires de canton et ils peuvent souscrire des actes d'engagement volontaire.

(2) Ainsi lorsque les autorités locales découvriront des omissions qui leur paraîtront être le résultat d'une fraude ou manœuvre quelconque, elles devront en informer l'autorité supérieure et plainte devra être portée par le préfet au procureur du roi contre l'individu prévenu d'être omis volontaire, et s'il est condamné comme auteur ou complice de la fraude, il sera à l'expiration de sa peine inscrit sur la liste du tirage, ainsi qu'il est dit à l'art. 11 ci-dessus.

Art. 41. Les jeunes gens appelés à faire partie du contingent de leur classe qui seront prévenus de s'être rendus impropres au service militaire, soit temporairement, soit d'une manière permanente, dans le but de se soustraire aux obligations imposées par la présente loi, seront déférés aux tribunaux par les conseils de révision, et, s'ils sont reconnus coupables, ils seront punis d'un emprisonnement d'un mois à un an.

Seront également déférés aux tribunaux, et punis de la même peine, les jeunes soldats qui, dans l'intervalle de la clôture du contingent de leur canton à leur mise en activité, se seront rendus coupables du même délit.

A l'expiration de leur peine, les uns et les autres seront à la disposition du ministre de la guerre pour le temps que doit à l'Etat la classe dont ils font partie.

La peine portée au présent article sera prononcée contre les complices. Si les complices sont des médecins, chirurgiens, officiers de santé, ou pharmaciens, la durée de l'emprisonnement sera de deux mois à deux ans, indépendamment d'une amende de deux cents francs à mille francs qui pourra être prononcée, et sans préjudice de peines plus graves, dans les cas prévus par le Code pénal.

Art. 42. Ne comptera pas pour les années de service exigées par la présente loi, le temps passé dans l'état de détention en vertu d'un jugement (1).

Art. 43. Toute substitution, tout remplacement effectué, soit en contravention des dispositions de la présente loi, soit au moyen de pièces fausses ou de manœuvres frauduleuses, sera déféré aux tribunaux, et, sur le jugement qui prononcerait la nullité de l'acte de substitution ou de remplacement, l'appelé sera tenu de rejoindre son corps, ou de fournir un remplaçant dans le délai d'un mois, à dater de la notification de ce jugement (2).

Quiconque aura sciemment concouru à la substitution ou au remplacement frauduleux, comme auteur ou complice, sera puni d'un emprisonnement de trois mois à deux ans, sans préjudice de peines plus graves en cas de faux (3).

---

(1) Cela s'applique non-seulement aux omis ou insoumis, mais encore à tout militaire qui, sous les drapeaux, aurait subi une détention quelconque par suite d'un jugement rendu par un tribunal civil ou par un conseil de guerre.

(2) L'objet de cet article est d'obvier aux fraudes nombreuses qui se commettaient sous l'ancienne loi. Les faits qui s'y rattachent sont de ceux que les maires doivent signaler à l'autorité supérieure aussitôt qu'ils parviennent à leurs connaissances.

(3) Les cas de contravention pour l'acte de substitution sont rapportés dans l'instruction ministérielle du 30 mars 1832; les voici :

1°. Si celui qui s'est présenté à la place de l'appelé n'était pas porté sur la liste cantonale de celui-ci;

2°. Si le substituant n'a point été reconnu propre au service par le conseil de révision;

3°. Si le substituant se trouve dans l'un des cas d'exclusion prévus par l'art. 2 de la loi;

4°. Si l'individu admis au corps n'est point le même que l'individu qui a comparu devant le conseil de révision et a souscrit l'acte devant le préfet;

5°. Si l'acte de substitution a été le résultat de production de pièces fausses, ou qui n'appartenaient pas au contractant.

La même instruction parle aussi des cas de contravention pour l'acte de remplacement; elle en énumère un bien plus grand nombre et elle ne les énumère pas tous : si le remplaçant n'est pas français et qu'il se soit présenté comme tel; s'il a été condamné à une peine afflictive et infamante, ou à une peine correctionnelle pour vol, escroquerie, abus de confiance ou attentat aux mœurs; s'il était déjà lié au service pour son compte ou pour un autre; si n'étant militaire ou frère du remplacé il est âgé de moins de 20 ans ou de plus de 30; si ayant été militaire il a plus de 35 ans; si étant frère du remplacé il a moins de 18 ans et plus de 31; s'il est marié ou veuf avec enfans; si n'ayant pas encore servi dans l'armée, il n'a pas au moins la taille d'un mètre 56 centimètres; si ayant servi il a été renvoyé avec congé de réforme ou avec congé de renvoi; si jeune soldat, laissé dans ses foyers, il a obtenu un congé de renvoi pour ses infirmités; s'il n'a pas justifié, par les certi-

ART. 44. Tout fonctionnaire ou officier public, civil ou militaire, qui, sous quelque prétexte que ce soit, aura autorisé ou admis des exemptions, déductions ou exclusions autres que celles déterminées par la présente loi, ou qui aura donné arbitrairement une extension quelconque, soit à la durée, soit aux règles ou conditions des appels, des engagemens ou des rengagemens, sera coupable d'abus d'autorité, et puni des peines portées dans l'article 185 du Code pénal, sans préjudice des peines plus graves prononcées par ce Code dans les autres cas qu'il a prévus.

ART. 45. Les médecins, chirurgiens ou officiers de santé qui, appelés au conseil de révision à l'effet de donner leur avis conformément à l'article 16, auront reçu des dons ou agréé des promesses pour être favorables aux jeunes gens qu'ils doivent examiner, seront punis d'un emprisonnement de deux mois à deux ans.

Cette peine leur sera appliquée, soit qu'au moment des dons ou promesses ils aient déjà été désignés pour assister au conseil, soit que les dons ou promesses aient été agréés dans la prévoyance des fonctions qu'ils auraient à y remplir.

Il leur est défendu, sous la même peine, de rien recevoir, même pour une réforme justement prononcée.

ART. 46. Dans tous les cas non prévus par les dispositions précédentes, les tribunaux civils et militaires, dans les limites de leur compétence, appliqueront les lois pénales ordinaires aux délits auxquels pourra donner lieu l'exécution du mode de recrutement déterminé par la présente loi.

Pour les délits militaires, les juges pourront user de la faculté énoncée en l'article 595 du Code d'instruction criminelle.

Dans tous les cas où la peine d'emprisonnement est prononcée par la présente loi, les juges pourront, suivant les circonstances, user de la faculté exprimée dans l'article 463 du Code pénal.

§. XI *Dispositions particulières.*

ART. 47. Les jeunes gens appelés au service en exécution de la présente loi recevront, dans le corps auquel ils seront attachés, et autant que le service militaire le permettra, l'instruction prescrite pour les écoles primaires.

ART. 48. Nul ne sera admis, avant l'âge de trente ans accomplis, à un emploi civil ou militaire, s'il ne justifie qu'il a satisfait aux obligations imposées par la présente loi (1).

Nous devons compléter les dispositions relatives à l'armée en mettant à la suite de la loi sur le recrutement l'ordonnance du 28 avril 1832 sur les engagemens et rengagemens.

§. XII. — *Des engagemens volontaires*

ART. 1er Tout Français qui demandera à contracter un engagement volontaire pour servir dans l'armée de terre, devra, indépendamment des conditions exigées par l'article 32 de la loi, réunir les qualités suivantes :

1°. Être sain, robuste et bien constitué ;

2° Ne pas être âgé de plus de trente ans révolus ;

---

ficats prescrit à l'art. 20 de la loi, de son domicile pendant au moins un an dans une commune ; s'il ne jouit pas de ses droits civils ; s'il n'a pas produit un certificat de bonne conduite du corps dans lequel il a servi ; s'il a été admis dans un département autre que celui dans lequel le remplacé a concouru au tirage ; si le remplacement a été effectué au moyen de pièces fausses ou de manœuvres frauduleuses ; et si le remplaçant admis au corps n'est pas l'individu reçu par le conseil de révision et qui a souscrit l'acte administratif de remplacement. Il peut y avoir d'autres cas sans doute, mais on vient de rapporter ceux qui jusqu'à ce jour se sont le plus souvent présentés.

(1) Il importe donc que tous les chefs d'administration civile ou militaire ne perdent pas de vue qu'ils seraient passibles des peines portées aux art. 38 et 40 de la loi s'ils admettaient ou conservaient des jeunes gens qui n'auraient pas été portés sur les tableaux de recensement de leurs communes, ou de jeunes soldats qui seraient insoumis ou retardataires.

3°. Avoir, selon l'arme à laquelle il se destine et le corps dans lequel il demande à entrer, au moins le minimum et au plus le maximum de taille fixée dans le tableau joint à la présente ordonnance;

4°. Remplir l'une des conditions d'aptitude ou exercer l'une des professions indiquées au même tableau.

2. Les Français qui ont déjà servi seront, jusqu'à trente-cinq ans révolus, reçus à s'engager pour l'arme dont ils auront fait partie.

Passé l'âge de trente ans, ils ne seront admis dans une autre arme que s'ils exercent une profession utile à cette arme.

3. Les anciens militaires âgés de plus de trente-cinq ans ne pourront contracter d'engagement volontaire que pour les compagnies de vétérans, et ils n'y seront reçus que jusqu'à l'âge de quarante-cinq ans accomplis.

4. Tout Français servant comme gagiste dans un corps de troupes françaises, et qui contractera un engagement volontaire conformément à la loi, sera reçu à compter comme temps de service militaire le temps qu'il aura passé sous les drapeaux en qualité de gagiste.

Le temps passé dans un corps comme gagiste avant l'âge de dix-huit ans accomplis, ne sera pas compté comme temps de service militaire.

L'engagement volontaire des gagistes n'aura lieu que sur l'autorisation des inspecteurs généraux d'armes.

5. L'engagement volontaire sera toujours contracté pour l'arme à laquelle l'engagé se destine.

6. Tout Français qui demandera à s'engager, devra faire constater qu'il a les qualités requises pour l'arme à laquelle il se destine. A cet effet, il se présentera devant le chef du corps dans lequel il désire prendre du service, ou devant l'officier de recrutement du département, ou l'officier de gendarmerie le plus voisin de sa résidence

7. Après s'être assuré que l'engagé a la taille et les autres qualités requises par la présente ordonnance pour le service militaire et l'arme à laquelle il se destine, l'officier fera constater en sa présence, par un docteur en médecine ou en chirurgie, et, à défaut de l'un ou de l'autre, par un officier de santé employé pour les actes de l'état civil ou de la police judiciaire, ou attaché à un hospice civil ou militaire, si cet engagé n'a aucune infirmité apparente ou cachée, et s'il est d'une constitution saine et robuste.

8. Muni du certificat qui constate son acceptation par l'autorité militaire, le contractant se présentera devant le maire d'un chef-lieu de canton, qui, seul, est appelé à dresser l'acte d'engagement.

Il justifiera de son âge par des pièces authentiques, et produira le certificat de bonne vie et mœurs prescrit par l'article 20 de la loi.

9. Le maire constatera l'identité du contractant, et lui fera déclarer, en présence des deux témoins exigés par l'article 37 du Code civil,

1°. Qu'il n'est ni marié, ni veuf avec enfans;

2°. Qu'il n'est lié au service de terre ou de mer, ni comme engagé volontaire ou rengagé, ni comme appelé ou substituant, ni comme remplaçant ou inscrit maritime.

Ladite déclaration sera insérée dans l'acte d'engagement.

10. Si l'engagé a déjà servi, il devra justifier qu'il est dégagé des obligations qui lui étaient imposées, en produisant le titre en vertu duquel il est rentré dans ses foyers, ou a été congédié ou licencié.

Les inscrits maritimes auront à présenter un acte de déclassement signé par le commissaire de l'inscription maritime de leur quartier.

11. Les jeunes gens désignés par le sort, pour faire partie du contingent de leur classe, ne seront reçus à s'engager que jusqu'au jour de la clôture de la liste du contingent de leur canton.

12. La durée de l'engagement est fixée à sept ans, sauf le cas exceptionnel prévu à l'article 33 de la loi, et dont l'application sera réglée par une ordonnance royale.

La durée du service de l'engagé volontaire comptera du jour où il aura souscrit son acte d'engagement.

13. L'acte d'engagement volontaire sera conforme au modèle joint à la présente ordonnance.

14. Avant la signature de l'acte, le maire du chef-lieu de canton donnera lecture à l'engagé,

1°. Des articles 2, 31, 32, 33 et 34 de la loi du 21 mars 1832, relatifs aux engagemens volontaires;

2°. Des articles 16 et 17 de la présente ordonnance, concernant les engagés volontaires trouvés hors de la route qui leur a été tracée, et ceux qui ne se rendent pas à leur destination dans les délais prescrits;

3°. De l'acte de l'engagement contracté.

Les certificats et autres pièces produites par l'engagé volontaire resteront annexés à la minute de l'acte.

15. Tout engagé volontaire recevra, immédiatement après la signature de son acte d'engagement, une expédition de cet acte, et un ordre de route pour se rendre à son corps par la voie la plus directe.

16. Lorsqu'un engagé volontaire sera trouvé par la gendarmerie hors de la route qui lui aura été tracée, il devra être conduit devant le commandant de la gendarmerie de l'arrondissement, qui, suivant l'examen des motifs, le fera remettre sur le chemin qu'il devait suivre, ou conduire de brigade en brigade à son corps.

17. Si, un mois après le jour où l'engagé volontaire aura dû arriver au corps, il ne s'y est pas rendu, et si le chef du corps n'a point été informé de son entrée à l'hôpital ou de son décès en route, l'engagé volontaire sera poursuivi comme insoumis et puni, conformément à l'article 39 de la loi du 21 mars 1832, d'un emprisonnement qui ne pourra être moindre d'un mois ni excéder une année.

18. Tout engagé volontaire qui prétendrait que l'acte qui le lie au service militaire est illégal ou irrégulier, devra adresser sa réclamation au préfet du département, où l'acte a été contracté, ou s'il se trouve sous les drapeaux, au lieutenant général commandant la division.

Les lieutenans généraux et les préfets transmettront les demandes en annulation d'acte d'engagement volontaire à notre ministre secrétaire d'état de la guerre, qui statuera, s'il y a lieu, ou renverra la contestation devant les tribunaux.

19. L'engagé volontaire reconnu impropre au service de l'arme dont il a fait choix, ne sera contraint de servir dans une autre arme que s'il fait partie du contingent de sa classe, et si son numéro de tirage a été appelé à l'activité.

20. Les douze arrondissemens de la ville de Paris étant considérés comme cantons, les maires de ces arrondissemens pourront recevoir les actes d'engagement volontaire.

§. XIII. *Des rengagemens.*

21. Les rengagemens seront contractés pour deux, trois, quatre ou cinq ans.

Tout militaire qui voudra se rengager, devra réunir les conditions suivantes:

1°. Être dans le cours de sa dernière année de service;

2°. Être sain, robuste et en état de faire encore un bon service;

3°. N'avoir pas cinquante ans d'âge ou trente ans de service accomplis.

22. Tout militaire devra, pour être reçu à se rengager, adresser sa demande, soit au chef du corps auquel il appartient, soit au chef du corps dans lequel il a l'intention de continuer à servir.

Si sa demande est accueillie, il lui sera délivré une attestation portant,

1°. Qu'il réunit les qualités requises pour faire un bon service;

2°. Qu'il a toujours tenu une bonne conduite pendant son séjour au corps;

3°. Qu'il peut rester ou être admis dans le corps pour lequel il se présente.

23. Muni de cette attestation, le militaire se présentera devant le sous-intendant militaire pour constater l'acte de rengagement.

24. Les rengagemens seront contractés pour l'arme à laquelle le militaire se destine et dans les formes prescrites par l'article 34 de la loi.

L'acte de rengagement sera conforme au modèle annexé à la présente ordonnance.

25. Le militaire en congé temporaire dans ses foyers pourra être admis à contracter un engagement devant le sous-intendant militaire de son département, s'il produit,

1°. Un certificat d'aptitude, délivré par l'officier de recrutement, portant que le militaire réunit les qualités requises pour faire un bon service;

2°. Un certificat du chef de son corps, constatant qu'il a toujours tenu une bonne conduite :

Si le militaire est absent de son corps depuis plus de trois mois, il sera tenu de produire, en outre, un certificat pareil du maire de sa commune ;

3°. Un certificat du chef du corps dans lequel il demande à entrer, constatant qu'il peut y être admis.

26. Le militaire en congé temporaire dans ses foyers, et qui aura contracté un rengagement, sera immédiatement mis en route pour le corps dans lequel il aura demandé à continuer à servir.

27. Quelle que soit la date du rengagement, le nouveau service auquel s'obligera le rengagé, ne comptera qu'à partir du jour où aura cessé le service auquel le militaire était tenu précédemment.

28. Tout militaire auquel il aura été délivré un congé définitif du service actif, ne sera plus admis à se rengager. Il ne pourra rentrer dans les rangs de l'armée qu'en contractant un acte d'engagement volontaire, conformément à la loi et au titre 1er de la présente ordonnance.

29. Aux termes de l'article 36 de la loi, les rengagemens ne pouvant être reçus que pendant le cours de la dernière année de service due par le contractant, la haute-paie journalière, à laquelle ce même article donne droit, ne sera allouée aux militaires qu'à l'expiration de cette dernière année, quel que soit le titre en vertu duquel ils sont liés au service.

30. La haute-paie journalière à laquelle ont droit les rengagés de toutes armes est réglée ainsi qu'il suit :

Sous-officiers et soldats ayant plus de 7 ans et moins de 11 ans de service dans les fusiliers vétérans, 8 centimes; dans les autres armes, 12 centimes.

Sous-officiers et soldats ayant plus de 11 ans, ayant deux ou trois chevrons, 10 centimes et 15 centimes, suivant la distinction qui vient d'être faite.

Cette ordonnance est suivie d'un tableau faisant connaître la taille que doivent avoir les engagés volontaires, suivant le corps dans lequel ils demandent à entrer et les conditions d'aptitude ou les professions exigées. Ce tableau étant dans toutes les mairies, nous croyons inutile de le rapporter ici. Nous en dirons autant des modèles d'actes d'engagement qui sont également dans toutes les mairies. Quant aux actes de rengagemens, ils se passent devant les sous-intendans militaires qui sont également pourvus d'actes imprimés contenant toutes les conditions de validité.

ARMES. Les communes sont responsables de celles qui leur ont été remises par l'état pour l'armement de la garde nationale. Il a été décidé, par une circulaire du 16 septembre 1832, que l'autorité municipale a le droit de désigner les citoyens auxquels ces armes peuvent être confiées, et qu'elle a également le droit d'exiger la restitution de celles qui se trouveraient aux mains de gardes nationaux qui ne pourraient sans inconvénient en demeurer détenteurs.

Armes et munitions de guerre.

La loi du 24 mai 1834 sur les détenteurs d'armes et de munitions de guerre, les faiseurs de barricades et les auteurs de mouvemens insurrectionnels remplaçant tout ce qui a été promulgué antérieurement, sur la possession des armes et de la poudre à tirer, nous en donnerons ici le texte annoté.

ART. 1er. Tout individu qui aura fabriqué, débité ou distribué des armes prohibées par la loi ou par des réglemens d'administration publique (1), sera puni

---

(1) Une longue discussion s'est élevée à la Chambre des députés, sur la question de savoir ce qu'on doit entendre par armes prohibées par la loi ou par des *réglemens d'administration publique*. Il semble que les doutes exprimés

d'un emprisonnement d'un mois à un an, et d'une amende de seize francs à cinq cents francs.

Celui qui sera porteur desdites armes sera puni d'un emprisonnement de six jours à six mois, et d'une amende de seize francs à deux cents francs (1).

ART. 2. Tout individu qui, sans y être légalement autorisé, aura fabriqué, débité ou distribué de la poudre, ou sera détenteur d'une quantité quelconque de poudre de guerre, ou de plus de deux kilogrammes de toute autre poudre, sera puni d'un emprisonnement d'un mois à deux ans, sans préjudice des autres peines portées par les lois (2).

ART. 3. Tout individu qui, sans y être légalement autorisé, aura fabriqué ou confectionné, débité ou distribué des armes de guerre, des cartouches et autres munitions de guerre, ou sera détenteur d'armes de guerre, cartouches ou munitions de guerre, ou d'un dépôt d'armes quelconques, sera puni d'un emprisonnement d'un mois à deux ans, et d'une amende de seize francs à mille francs (3).

La présente disposition n'est point applicable aux professions d'armurier et de fabricant d'armes de commerce, lesquelles resteront seulement assujetties aux lois et réglemens particuliers qui les concernent.

ART. 4. Les infractions prévues par les articles précédens seront jugées par les tribunaux de police correctionnelle.

étaient de nature à donner à l'article une plus grande précision; mais on n'a rien fait pour éclairer les citoyens, les juges et les administrateurs.

(1) L'édit de 1558, qu'on peut considérer comme un réglement d'administration publique, proscrivait le port des pistolets, sous peine d'être pendu et étranglé. Une déclaration de 1559, 1565 et 1598 fut un peu moins rigoureuse, mais il y fut encore question de galères à perpétuité, en cas d'insolvabilité, et de la peine de mort en cas de récidive. Une autre déclaration du 12 septembre 1609, défendait, sous peine de la vie, à toute personne, même noble, de porter des pistolets de poche, et aux marchands d'en vendre. Le Parlement de Grenoble a condamné, le 21 juin 1615, un particulier qui a été pendu pour avoir contrevenu à cette défense : ainsi il n'est pas douteux que les pistolets de poche ne soient compris dans la prohibition de la loi nouvelle.

La déclaration du 29 mars 1728 fait défense de porter sur soi aucun couteau pointu, baïonnette, pistolet ou autre arme offensive cachée et secrète comme une canne à épée. Ces armes sont donc aussi prohibées par l'article ci-dessus. La Cour royale de Bordeaux, par un arrêt du 1er. février 1837, met aussi le poignard parmi les armes prohibées.

Un décret du 2 messidor an 14 remet en vigueur la déclaration de 1728, et la rend applicable aux fusils et pistolets à vent. Il doit en être de même de différentes espèces d'armes imaginées depuis, telles que bâtons ferrés ou plombés, stylets, couteaux-poignards et autres qui sont de véritables armes prohibées. Ainsi la pénalité seule est changée, mais les prohibitions anciennes sont de même nature que les nouvelles.

(2) C'est la loi du 13 fructidor an 5 qui règle tout ce qui concerne les poudres; voyez notamment les art. 24, 25, 26, et l'art. 27 qui prononce une amende de 3,000 fr. contre ceux qui fabriquent illicitement de la poudre. Voyez aussi l'art. 37 qui attribue la connaissance des contraventions et délits en cette matière, au juge de paix ou au tribunal correctionnel, selon la pénalité encourue.

(3) Il suit de cette disposition que les maires ont le droit de signaler à l'administration supérieure tout dépôt d'armes ou de munitions de guerre. Cet article doit s'interpréter par l'art. 5. Le législateur a disposé pour les cas d'émeute, de complot, d'insurrection, lors même qu'il n'y aurait pas encore de commencement d'exécution. Hors ces cas, les citoyens chez lesquels on trouverait des armes de guerre, ne devraient pas subir les dispositions de l'art. 3. Il a même été entendu à la Chambre des députés, que dans le cas où l'autorité voudrait s'emparer des armes de guerre, il y aurait lieu à indemniser les détenteurs légitimes et paisibles de ces armes.

Les armes et munitions fabriquées, débitées, distribuées ou possédées sans autorisation, seront confisquées.

Les condamnés pourront, en outre, être placés sous la surveillance de la haute police pendant un temps qui ne pourra excéder deux ans.

En cas de récidive, les peines pourront être élevées jusqu'au double.

Art. 5. Seront punis de la détention les individus qui, dans un mouvement insurrectionnel, auront porté soit des armes apparentes ou cachées, ou des munitions, soit un uniforme ou costume, ou autres insignes civils ou militaires.

Si les individus porteurs d'armes apparentes ou cachées, ou de munitions, étaient revêtus d'un uniforme, d'un costume, ou d'autres insignes civils ou militaires, ils seront punis de la déportation.

Les individus qui auront fait usage de leurs armes seront punis de mort.

Art. 6. Seront punis des travaux forcés à temps, les individus qui, dans un mouvement insurrectionnel, se seront emparés d'armes ou de munitions de toutes espèces, soit à l'aide de violences ou de menaces, soit par le pillage de boutiques, postes, magasins, arsenaux et autres établissemens publics, soit par le désarmement des agens de la force publique; chacun des coupables, sera de plus, condamné à une amende de deux cents francs à cinq mille francs.

Art. 7. Seront punis de la même peine les individus qui, dans un mouvement insurrectionnel, auront envahi, à l'aide de violences ou menaces, une maison habitée ou servant à l'habitation.

Art. 8. Seront punis de la détention les individus qui, dans un mouvement insurrectionnel, auront, pour faire attaque ou résistance envers la force publique, envahi ou occupé des édifices, postes et autres établissemens publics.

La peine sera la même à l'égard de ceux qui, dans le même but, auront occupé une maison habitée, ou non habitée, avec le consentement du propriétaire ou du locataire, et à l'égard du propriétaire ou du locataire qui, connaissant le but des insurgés, leur aura procuré sans contrainte l'entrée de ladite maison.

Art. 9. Seront punis de la détention les individus qui, dans un mouvement insurrectionnel, auront fait ou aidé à faire des barricades, des retranchemens ou tous autres travaux ayant pour objet d'entraver ou d'arrêter l'exercice de la force publique :

Ceux qui auront empêché, à l'aide de violences ou de menaces, la convocation ou la réunion de la force publique, ou qui auront provoqué ou facilité le rassemblement des insurgés, soit par la distribution d'ordres ou de proclamations, soit par le port de drapeaux ou autres signes de ralliement, soit par tout autre moyen d'appel;

Ceux qui auront brisé ou détruit un ou plusieurs télégraphes, ou qui auront envahi, à l'aide de violences ou de menaces, un ou plusieurs postes télégraphiques, ou qui auront intercepté, par tout autre moyen, avec violences ou menaces, les communications ou la correspondance entre les divers dépositaires de l'autorité publique.

Art. 10. Les peines portées par la présente loi seront prononcées sans préjudice de celles que les coupables auraient pu encourir comme auteurs ou complices de tous autres crimes. Dans le cas du concours de deux peines, la plus grave seule sera appliquée.

Art. 11. Dans tous les cas prévus par la présente loi, s'il existe des circonstances atténuantes, il sera fait application de l'article 463 du Code pénal.

Néanmoins, les condamnés pourront toujours être placés sous la surveillance de la haute police, pendant un temps qui ne pourra excéder le *maximum* de la durée de l'emprisonnement prononcé par la loi.

ASPHYXIÉS. — L'asphyxie est une mort apparente contre laquelle on peut employer des moyens efficaces quand ils sont pris à temps et administrés avec intelligence.

§. Ier. *Asphyxie des noyés.*

Retirez le noyé de l'eau, portez-le dans vos bras jusque sur le rivage, sans lui faire éprouver de secousses; placez-le sur son côté droit, le corps incliné, *de sorte*

buables les plus imposés que chaque conseil compte de membres.

La loi du 28 juillet 1824 fut bientôt convaincue d'impuissance; aussi, sauf quelques dispositions réglementaires, a-t-elle été remplacée par celle du 4 mai 1836. Cette dernière consacre des principes et des voies et moyens qui sont une immense amélioration. Il est désormais permis d'espérer que les communes parviendront à créer ou à réparer non-seulement leurs grandes communications, mais encore les chemins vicinaux qui y conduisent.

Indépendamment des prestations dont nous venons de parler, il est maintenant permis et même enjoint de voter des centimes additionnels communaux. Les conseils généraux peuvent aussi accorder des subventions sur les ressources départementales. C'est un système complet, un peu compliqué peut-être, mais que tous les maires doivent étudier soit avec la loi que nous donnerons dans notre supplément sous le n° IV, soit à l'aide du réglement préfectoral qu'elle prescrit par son article 21; et surtout avec l'instruction ministérielle du 24 juin 1836 qui est un traité sur la matière, et qui prévoit presque toutes les difficultés (1).

CHEVAUX. — Il en est qui doivent être l'objet d'une surveillance très-active; ce sont ceux qu'on présume atteints de la morve, maladie d'autant plus dangereuse qu'elle se communique, dit-on, et se perpétue. Les mesures indiquées par les réglemens à cet égard sont si utiles, que le Code Pénal punit les infractions de peines correctionnelles qui peuvent s'élever jusqu'à cinq ans de prison, et 1000 francs d'amende. (Art. 461.) Tout cheval signalé comme malade doit être visité par un vétérinaire; et s'il résulte d'un procès-verbal rédigé par cet agent ou par tout autre vétérinaire, qu'il soit attaqué de la morve, le maire doit ordonner qu'on le tue, et qu'on l'enfouisse dans le lieu qu'il indiquera. (Voyez *Animaux morts*, *Epizootie*.)

CHIENS. — Ceux qui laissent vaguer des chiens dangereux ou enragés encourent, aux termes de l'art. 475, n° 7, du Code Pénal, une amende de 6 à 10 francs.

Quand il s'est manifesté des symptômes de rage parmi les chiens, on doit les retenir à l'attache, ou ne les laisser sortir que pourvus d'une muselière. Les maires peuvent, après avoir

(1) L'étendue de cette instruction qui contient plus de 150 pages d'impression nous empêche d'en donner le texte.

publié des arrêtés à cet égard, faire tuer les chiens qui seraient trouvés errans par une ou plusieurs personnes qu'ils désignent à cet effet.

La publication de cet arrêté est nécessaire, ainsi que la désignation par l'autorité des personnes chargées de tuer les chiens errans, parce que, sans cela, on pourrait arbitrairement tuer des animaux utiles et nullement dangereux, ce qui porterait un préjudice notable dans les campagnes.

Les chiens de chasse, de troupeaux et de garde, sont tellement précieux que le législateur n'a pas dédaigné de les prendre sous sa protection, et que la loi du 6 octobre 1791 contient une disposition formelle qui défend d'en tuer ou blesser, sous peine d'une amende double de la somme des dédommagemens. Le Code Pénal contient aussi des dispositions plus rigoureuses encore, car il porte, dans le cas qu'il prévoit, un emprisonnement de six jours au moins et de six mois au plus, et veut que, s'il y a violation de clôture, le *maximum* soit prononcé. (Art. 454.)

CIMETIÈRES. — Les cimetières doivent avoir une clôture dont l'entretien est à la charge de la commune. On ne peut y laisser paître aucuns bestiaux.

L'acquisition de terrain pour cimetière doit être autorisée par le gouvernement. Un projet d'aliénation doit aussi lui être soumis.

Nul ne peut, sans autorisation, élever aucune habitation, ni creuser aucun puits, à moins de cent mètres des nouveaux cimetières, transférés hors des communes, en vertu des lois et réglemens. Les bâtimens existans ne peuvent également être restaurés ni augmentés sans autorisation; et les puits peuvent, après une visite contradictoire d'experts, être comblés, en vertu d'ordonnance du préfet du département, sur la demande de la police locale, si l'on pense que les eaux peuvent être gâtées par les émanations qui proviennent des enterremens. (Décret du 7 mars 1808, art. 2.) Voyez *Sépulture*.

CITOYEN. — Tout Français âgé de vingt-un ans accomplis, qui s'est fait inscrire sur le registre civique de sa commune, et qui demeure depuis un an sur le territoire du royaume, est citoyen français. (Constitution de l'an VIII.)

L'exercice des droits civils et indépendant de la qualité de *citoyen*, laquelle ne s'acquiert et ne se conserve que conformément à la loi constitutionnelle.

D'après cette loi, il n'y aurait guère de citoyens en France, le maire lui fit connaître la demande en radiation, soit à sa résidence, soit chez son fermier, locataire ou correspondant habituel. Mais je reconnais que cette formalité sera difficilement remplie par les maires des communes rurales. On ne peut donc leur donner que des conseils quant à cette communication.

Les décisions du maire doivent être motivées et faire mention que la commission du conseil municipal a été entendue.

Les notifications seront faites par le garde champêtre ou par l'appariteur de la commune, ou bien par le maire et l'adjoint, s'il n'y a pas d'appariteur ou de garde champêtre.

Elles seront effectuées à la résidence des parties domiciliées dans la commune; et, s'il s'agit d'un contribuable qui n'y a pas de domicile, chez son fermier, locataire ou correspondant habituel. En cas de demande en radiation, la décision sera notifiée à l'électeur qui demandait la radiation, et à celui qui sera maintenu ou rayé.

§. 14. L'art. 35 porte que ces décisions sont notifiées dans le *même délai*. Cette disposition ne peut s'entendre que des huit jours mentionnés dans la première partie de l'article, et dans lesquels le maire est tenu de statuer. Elle n'a pas pour effet d'accorder pour la *notification* un nouveau délai de huit jours en sus du premier. Le sens de l'art. 35 est que, dans les huit jours après la réception d'une réclamation, la décision du maire doit *être rendue et notifiée*.

Lorsque les trente jours fixés par l'article 40 sont accomplis, le maire ne peut plus recevoir de réclamations contre la teneur primitive de la liste communale; elles doivent alors être adressées au préfet en conseil de préfecture.

Dans les huit jours suivans, le maire achève de juger les réclamations qui lui auraient été présentées.

Il peut arriver que, pendant ces trente-huit jours, des électeurs inscrits viennent à décéder, à perdre les droits civils ou politiques, à vendre leurs biens, à quitter les fonctions ou l'industrie qui leur donnaient la capacité électorale. Si leur radiation n'est pas réclamée par un autre électeur ou par eux-mêmes (*aux termes de l'article 34*), comment pourra-t-elle être effectuée? On peut, à quelques égards, comparer le travail du maire, en conseil municipal, pendant ces trente-huit jours, à celui que fait, pour les listes des colléges électoraux, le préfet en conseil de préfecture, depuis le 15 août jusqu'au 10 octobre; et, si l'assimilation était complète, le maire ne pourrait pas, à cette époque, faire de radiation d'office. Toutefois la loi du 21 mars ne contient aucune disposition qui applique aux opérations qu'elle prescrit, les principes et les règles concernant les opérations relatives à la formation des colléges électoraux. Je pense donc que, dans ces trente-huit jours, le maire, assisté de la commission du conseil municipal, a le droit de rayer, par arrêtés motivés, les électeurs dont il s'agit.

Mais, avant de statuer, il doit faire connaître aux électeurs dont il croit devoir provoquer la radiation, les motifs de cette démarche, il doit aussi notifier sa décision comme dans le cas de l'intervention d'un tiers.

§. 15. A l'égard des citoyens qui, soit par succession ou avancement d'hoirie, soit par la nomination à des fonctions désignées au deuxième paragraphe de l'article 11, ou par l'investiture d'une qualité indiquée dans ce même paragraphe, acquerraient, dans le même intervalle de trente-huit jours, la capacité électorale, ils peuvent réclamer eux-mêmes leur inscription (art. 34), et il est inutile que le maire les inscrive d'office.

Il n'est pas nécessaire que le maire publie, par la voie d'affiche, toutes ses décisions; mais il doit réunir dans un tableau de rectification le résultat de toutes les décisions qu'il a rendues depuis trente-huit jours, et des arrêtés qui auraient pu être rendus déjà par le préfet, en conseil de préfecture, aux termes de l'article 36.

Si la liste supplémentaire dont il a été parlé ci-dessus paraissait trop réduite par le passage de plusieurs suppléans sur celle des censitaires, le maire pourrait la compléter par l'inscription de nouveaux citoyens plus imposés dans l'ordre décroissant des contributions.

Si le nouveau recensement de la population avait été terminé dans cet intervalle, le maire, en dressant le tableau de rectification, modifierait le nombre des électeurs censitaires, conformément à ce nouveau recensement.

§. 16. La loi du 21 mars porte (art. 37) que le maire, d'après la notification des décisions du préfet, fait sur la liste la rectification prescrite; mais elle n'a rien spécifié sur la suite que doit recevoir une telle décision quand elle est de nature à faire varier le nombre des censitaires ou des domiciliés. Ainsi, l'inscription d'un nouveau censitaire doit exclure le dernier inscrit sur cette liste : réciproquement, la radiation d'un des censitaires entraine l'admission du plus imposé en dehors de la liste. C'est pour cela que j'ai indiqué ci-dessus la nécessité de former une liste supplémentaire. Mais, comme vous pourriez commettre des erreurs si vous déterminiez vous-même les électeurs qui doivent être inscrits ou rayés, *consécutivement* à une radiation, ou à une inscription prononcée par vous (ce qui, au reste, supposerait que vous devriez avoir dans vos bureaux et tenir toujours au courant toutes les listes d'électeurs communaux), il convient de laisser au maire, assisté de la commission municipale, le soin de faire cette désignation. Il suffira que votre arrêté lui prescrive de faire le changement nécessaire, pour mettre le nombre des censitaires et des domiciliés en rapport avec les nombres exigés par les art. 11 et 12.

§. 17. La loi du 21 mars n'explique pas nettement à quel moment peut s'exercer l'action devant le tribunal de première instance, si c'est après que le maire a statué (art. 38), ou après que l'appel a été jugé par le préfet. (art. 36.) Toutefois, c'est ce dernier sens qui paraît être le véritable. L'art. 36 dit, en termes généraux, que *toute partie peut en appeler devant le préfet*, et ne distingue pas entre les questions mentionnées à l'art. 12 et les autres questions qui peuvent se présenter. Le préfet est saisi des unes comme des autres, et est tenu de statuer dans le délai d'un mois. Ce n'est donc qu'après que le préfet a pris un arrêté, que la partie qui n'en est pas satisfaite peut se pourvoir devant le tribunal civil de l'arrondissement, qui juge définitivement de la même manière que la Cour royale juge les actions intentées contre les arrêtés du préfet en matière d'inscription sur les listes des colléges électoraux. (Loi du 2 juillet 1828, art. 18; loi du 19 avril 1831, art. 33.)

Si, à l'époque du 31 mars (*ou du quatre-vingt-deuxième jour après l'affiche*) (art. 10), il y avait un grand nombre d'actions pendantes devant le tribunal civil, le maire n'en devrait pas moins procéder à la clôture de la liste; mais l'élection pourrait être suspendue de quelques jours.

Les jugemens du tribunal peuvent avoir pour effet de modifier la liste communale. Ils devront être notifiés au maire, qui fera en conséquence, sur la liste des électeurs communaux, les changemens prescrits.

§. 18. Le 31 mars, le maire devra procéder, avec la commission du conseil municipal, à la clôture de la liste des électeurs communaux. Il dressera d'abord le second tableau de rectification : ce tableau présentera le résultat des arrêtés du préfet, en conseil de préfecture, des jugemens des tribunaux civils, et des décisions prises par le maire pour donner suite à ces arrêtés ou jugemens. Il complétera ou réduira la liste des censitaires et des domiciliés, pour la mettre en rapport avec la population.

Si le nouveau recensement est terminé cette année à l'époque de la clôture, le maire devra y conformer son travail.

Mais il n'aura plus à s'occuper de la liste supplémentaire dont il a été parlé ci-dessus, puisque cette liste ne peut plus servir après la clôture.

L'arrêté de clôture contiendra le chiffre de la population de la commune.

La liste, une fois close, ne pourra plus éprouver de changemens dans le cours de l'année, sauf ceux qui résulteraient de jugemens des tribunaux civils (art. 42), sauf encore pour cause de décès ou de perte de droits civils ou politiques.

Nous avons supprimé tout ce qui se réfère aux attributions des préfets qui sont chargés de donner aux maires les renseignemens dont ils peuvent avoir besoin; indépendamment de ce qu'on vient de lire, il est bon de consulter aussi une instruction du 19 juillet 1831 et une autre du 11 août suivant.

Quant aux attributions municipales, voyez la loi du 22 juillet 1837 rapportée avec commentaire. SUPPLÉMENT N° III.

NAISSANCE. — (Voyez *Etat civil*, §. 1er et 2.)

rantie contre l'abus des conflits. On y remarque notamment que le préfet qui élève le conflit doit, dans son mémoire adressé au procureur du Roi, citer la disposition législative qui attribue à l'administration la connaissance du litige. (Articles 6 et 9.)

Et que, si le délai de deux mois expire, sans qu'il ait été statué sur le conflit, l'arrêté qui l'a élevé sera considéré comme non avenu. (Art. 15 et 16.)

Il peut quelquefois y avoir conflit entre le tribunal de police et le tribunal correctionnel, comme entre ce premier tribunal et l'autorité administrative. Voici quelle est, à cet égard, la jurisprudence de la Cour de Cassation.

Le conflit négatif qui s'élève lorsqu'un tribunal correctionnel a renvoyé des prévenus devant un tribunal de police simple, et que celui-ci s'est déclaré incompétent, ne peut être vidé que par la Cour de Cassation. (Arrêt du 18 juillet 1817.)

Un tribunal de police ne peut connaître d'une contestation dont le préfet a revendiqué la connaissance, et il doit être sursis à prononcer jusqu'à ce que le Conseil d'État ait donné sa décision. (Arrêts des 25 prairial an XII et 30 janvier 1808.)

CONSEIL D'AGRICULTURE. — Une ordonnance royale, du 28 janvier 1819, a établi, près du ministre de l'intérieur, un conseil d'agriculture composé de dix membres, qui doivent donner leur avis sur les questions de législation et d'administration qui intéressent l'agriculture.

Ce conseil devait avoir, dans chaque département, un membre correspondant, choisi parmi les propriétaires cultivateurs qui se livrent avec le plus de zèle et d'intelligence aux travaux agricoles.

Une circulaire du 2 avril suivant, indique aux préfets que les membres de ce conseil doivent repousser les préjugés de la routine et se livrer à un bon système de culture; s'appliquer à rendre leur domaine plus productif par l'usage des meilleures méthodes; ne pas craindre d'employer, au besoin, quelques portions de terres pour des expériences qu'on les inviterait à faire; éclairer les habitans des campagnes par leurs conseils et leur exemple.

Ce serait une institution fort utile, si la pratique répondait à la théorie.

CONSEILS DE CHARITÉ. (Voyez *Hospices*, et l'ordonnance du 31 octobre 1821.)

CONSEILS GÉNÉRAUX ET D'ARRONDISSEMENT. — Ces conseils chargés de la surveillance des intérêts du département ont obtenu, depuis la révolution de 1830, des modifications de la plus haute importance. Le système électif substitué à la nomination par le pouvoir, leur donne une attitude tout-à-fait analogue à celle de la chambre des députés à l'égard des ministres.

On a fait beaucoup d'efforts pour affaiblir l'influence qui leur est réservée; on a centralisé dans la main du préfet une puissance supérieure à celle qu'ils avaient avant, dans l'espoir que les fonctionnaires balanceraient ainsi celle qu'on accordait en tremblant à des conseils électifs; c'est à merveille tant que l'administration marchera d'accord avec les conseils, mais en cas de coalision l'administration départementale sera forcée de céder ou de tomber si elle donne prise aux attaques des conseils pour inexécution ou violation des lois.

Les dissentimens légers disparaîtront au moyen des concessions réciproques et ce sera une excellente chose, mais les questions importantes auront beaucoup plus de gravité qu'autrefois, parce qu'il n'y a plus moyen de les étouffer. Voyez la loi d'organisation et celle d'attributions, SUPPLÉMENT Nos I et II.

CONSEILS DE PRÉFECTURE. — Ils sont, pour les préfets, une sorte de comité consultatif. Ils n'ont voix délibérative que lorsqu'ils jugent des questions contentieuses; mais, pour ce qui est purement administratif, le préfet décide seul, en conseil de préfecture, ce qui n'est pas sans inconvénient.

Les membres de ces conseils sont nommés par le Roi. Leurs fonctions ont été énumérées par l'art. 4 de la loi du 28 pluviose an VIII, qui n'est pas abrogé.

Leurs arrêtés sont signifiés par huissier quand il s'agit de matières contentieuses. Mais s'il s'agit d'acte d'administration, la notification est faite au domicile de la partie par le maire de la commune ou son adjoint, lequel doit prendre un récépissé qu'il transmet au préfet.

Les conseils de préfecture n'ont pas voix délibérative en matière électorale; le préfet consulte et décide.

Mais ils jugent les réclamations sur contributions.

Les articles 28 et 30 de la loi du 21 avril 1832 contiennent, à cet égard, des modifications aux lois anciennes que chaque contribuable doit consulter lorsqu'il veut faire une demande en décharge ou en réduction de sa contribution.

L'art. 30 est ainsi conçu :

« Le recours contre les arrêtés des conseils de préfecture sera affranchi de tous droits d'enregistrement et autres que celui de timbre. Il pourra être transmis au gouvernement par l'intermédiaire du préfet et sans frais.

3°. Lorsque le montant en est devenu irrécouvrable depuis la confection des rôles, les maires doivent faire parvenir leur opinion au contrôleur, sur l'exactitude des états dressés à cet effet.

§. 4. On vient de lire ce qui regarde les droits de l'Etat, occupons-nous maintenant de ceux des citoyens.

Les réclamations doivent être remises au sous-préfet de l'arrondissement dans les trois mois qui suivent la mise en recouvrement du rôle, et accompagnées de l'extrait du rôle et de la quittance des termes échus.

Les pétitions doivent être sur papier timbré quand la réclamation a pour objet une cote de plus de 30 francs. (Art. 28 de la loi du 21 avril 1832.)

§. 5. Après que le maire et le répartiteur ont donné leur avis, le contrôleur donne aussi le sien, qu'il adresse au sous-préfet; celui-ci renvoie le tout au préfet, qui le transmet au directeur, et c'est sur le rapport de ce dernier que prononce le conseil de préfecture : tout contribuable qui voudrait éviter cette filière, et qui s'adresserait spécialement au directeur ou au préfet, retarderait plus qu'il n'avancerait la décision; car il faudrait que sa demande descendît d'abord, par la même filière, jusqu'aux répartiteurs, et qu'elle remontât ensuite jusqu'au directeur ou au préfet.

§. 6. Lorsque la demande n'est point accueillie par les répartiteurs, le contrôleur en informe le contribuable, qui se désiste de sa réclamation, ou bien demande une expertise, *qui ne peut lui être refusée ;* dans l'un et l'autre cas, le contrôleur fait son rapport au sous-préfet, qui donne son avis, et le conseil de préfecture statue sur le rapport du directeur. (Art. 29 *ibid.*)

Les frais des experts sont réglés par le préfet, sur l'avis du sous-préfet. Ils sont supportés par la commune, si la réclamation a été reconnue juste, et par le réclamant, si sa demande a été rejetée. (Art. 19 et 20, de l'arrêté du 14 mai 1800.)

Les frais à la charge de la commune sont imposés sur le rôle de l'année suivante comme charges locales.

§. 7. Une ordonnance du roi rendue le 19 janvier 1834, porte qu'aux termes de l'art. 29 de la loi du 21 avril 1832, les contribuables qui se croient surtaxés, ont le droit de recourir à la vérification par voie d'experts avant la décision du conseil de préfecture, lorsque le directeur n'est pas d'avis qu'il y a lieu d'admettre la demande.

Ainsi l'expertise n'a pas seulement lieu dans le cas dont nous avons parlé §. 6; et l'arrêté du 24 floréal an 8 doit être exécuté dans les deux cas.

§. 8. Il y a, relativement à la contribution des portes et fenêtres, des exceptions qu'il est bon de faire connaître.

Ainsi, les portes et fenêtres des granges, bergeries, étables, greniers, caves et autres locaux qui ne servent pas à l'habitation des hommes, les ouvertures du comble ou de la toiture des maisons furent affranchies de cette imposition, dans l'intérêt de l'agriculture, et l'on fit fort bien; car autrement les bâtimens des campagnes, qui déjà manquent d'air et de jour, en eussent été plus privés encore.

On décida aussi, dans l'intérêt de l'industrie, que les propriétaires de manufactures ne seraient imposés que pour les portes et fenêtres de leurs habitations personnelles, et de celles de leurs concierges et commis.

Les propriétaires sont chargés d'acquitter cette imposition, sauf leur recours contre les locataires : cette règle est purement fiscale, et n'empêche pas que cette imposition ne soit comptée au locataire parmi celles qui servent à former le cens électoral.

§. 9. La loi du 26 mars 1831 avait établi un nouveau système sur les contributions personnelle et mobilière, des portes et fenêtres et des patentes, mais elle a été abrogée par celle du 21 avril 1832 dont voici le texte :

Art. 8. A partir du 1er janvier 1832, la contribution personnelle sera réunie à la contribution mobilière, et ces deux contributions seront établies par voie de répartition entre les départemens, les arrondissemens, les communes et les contribuables.

9. Le contingent assigné à chaque département sera réparti entre les arrondissemens par le conseil général, et entre les communes par les conseils d'arrondissemens, d'après le nombre des contribuables passibles de la taxe personnelle, et d'après les valeurs locatives d'habitation. (*Loi du 23 juillet 1820, art. 27 et 29.*)

10. La taxe personnelle se compose de la valeur de trois journées de travail. Le conseil général, sur la proposition du préfet, déterminera le prix moyen de la journée de travail dans chaque commune, sans pouvoir néanmoins le fixer au-dessous de cinquante centimes, ni au-dessus d'un franc cinquante centimes. (*Loi du 23 juillet 1820, art. 28.*)

11. Le directeur des contributions directes formera, chaque année, un tableau présentant, par arrondissement et par commune, le nombre des individus passibles de la taxe personnelle, et le montant de leurs valeurs locatives d'habitation.

Ce tableau servira de renseignement au conseil général et aux conseils d'arrondissement pour la répartition de la contribution personnelle et mobilière.

12. La contribution personnelle et mobilière est due par chaque habitant français et par chaque étranger de tout sexe jouissant de ses droits, et non réputé indigent.

Sont considérés comme jouissant de leurs droits les veuves et les femmes séparées de leurs maris; les garçons et filles majeurs ou mineurs ayant des moyens suffisans d'existence, soit par leur fortune personnelle, soit par la profession qu'ils exercent, lors même qu'ils habitent avec leur père, mère, tuteur ou curateur (1).

13. La taxe personnelle n'est due que dans la commune du domicile réel, la contribution mobilière est due pour toute habitation meublée, située soit dans la commune du domicile réel, soit dans toute autre commune.

Lorsque, par suite de changement de domicile, un contribuable se trouvera imposé dans deux communes, quoique n'ayant qu'une seule habitation, il ne devra la contribution que dans la commune de sa nouvelle résidence. (2)

14. Les officiers de terre et de mer ayant des habitations particulières soit pour eux, soit pour leur famille, les officiers sans troupe, officiers d'état-major, officiers de gendarmerie et de recrutement, les employés de la guerre et de la marine dans les garnisons et dans les ports, les préposés de l'administration des douanes, sont imposables à la contribution personnelle et mobilière, d'après le même mode et dans la même proportion que les autres contribuables.

15. Les fonctionnaires, les ecclésiastiques et les employés civils et militaires, logés gratuitement dans des bâtimens appartenant à l'état, aux départemens, aux arrondissemens, aux communes ou aux hospices, sont imposables d'après la valeur locative des parties de ces bâtimens affectées à leur habitation personnelle.

16. Les habitans qui n'occupent que des appartemens garnis, ne seront assujettis à la contribution mobilière qu'à raison de la valeur locative de leur logement, évalué comme un logement non meublé. *Voyez* §. 13.

17. Les commissaires répartiteurs, assistés du contrôleur des contributions directes, rédigeront la matrice du rôle de la contribution personnelle et mobilière. Ils porteront sur cette matrice tous les habitans jouissant de leurs droits et non réputés indigens, et détermineront les loyers qui doivent servir de base à la répartition individuelle.

Les parties de bâtimens consacrées à l'habitation personnelle devront seules être comprises dans l'évaluation des loyers. *Voyez* §. 14.

Il sera formé annuellement un état des mutations survenues pour cause de décès, de changement de résidence, de diminution ou d'augmentation de loyer.

Les répartiteurs pourront faire usage, pour 1832, des élémens d'après lesquels étaient fixées les cotes individuelles antérieurement à 1831.

18. Lors de la formation de la matrice, le travail des répartiteurs sera soumis au conseil municipal, qui désignera les habitans qu'il croira devoir exempter de toute cotisation, et ceux qu'il jugera convenable de n'assujettir qu'à la taxe personnelle.

19. Les centimes additionnels généraux et particuliers ajoutés au principal du contingent personnel et mobilier de la commune, ne porteront que sur les cotisations mobilières; la taxe personnelle sera imposée en principal seulement.

20. Dans les villes ayant un octroi, le contingent personnel et mobilier pourra être payé en totalité ou en partie par les caisses municipales, sur la demande qui en sera faite aux préfets par les conseils municipaux. Ces conseils détermineront la portion du contingent qui devra être prélevée sur les produits de l'octroi. La portion à percevoir au moyen d'un rôle sera répartie

(1) *Ayant des moyens suffisans*, cela ne s'entend que de leurs moyens personnels; les enfans ne peuvent être imposés qu'autant qu'ils en ont, abstraction faite de la fortune de leurs parens qui ne doit pas être prise en considération. (Ordonnance du 28 avril 1833.)

(2) Malgré la clarté de ce texte, le ministre des finances ayant prétendu en 1835 que la contribution doit être payée dans les deux résidences sauf restitution aux termes de l'art. 13, §. 2, le conseil d'état a décidé le 7 avril 1836, que le contribuable ne doit payer que dans la commune de sa nouvelle résidence. Les réclamations dans ce cas doivent être portées devant le conseil de préfecture, et dans le cas où il n'y ferait pas droit, il faut se pourvoir au conseil d'état. Ce pourvoi est gratuit quand on le fait par l'intermédiaire du préfet du département.

en cote mobilière seulement, au centime le franc des loyers d'habitation, après déduction des faibles loyers que les conseils municipaux croiront devoir exempter de la cotisation.

Les délibérations prises par les conseils municipaux ne recevront leur exécution qu'après avoir été approuvées par ordonnance royale.

21. La contribution personnelle et mobilière étant établie pour l'année entière, lorsqu'un contribuable viendra à décéder dans le courant de l'année, ses héritiers seront tenus d'acquitter le montant de sa cote.

22. En cas de déménagement hors du ressort de la perception, comme en cas de vente volontaire ou forcée, la contribution personnelle et mobilière sera exigible pour la totalité de l'année courante.

Les propriétaires, et, à leur place, les principaux locataires, devront, un mois avant l'époque du déménagement de leurs locataires, se faire représenter par ces derniers les quittances de leur contribution personnelle et mobilière.

Lorsque les locataires ne représenteront point ces quittances, les propriétaires ou principaux locataires seront tenus, sous leur responsabilité personnelle, de donner, dans les trois jours, avis du déménagement au percepteur.

23. Dans le cas de déménagement furtif, les propriétaires, et, à leur place, les principaux locataires, deviendront responsables des termes échus de la contribution de leurs locataires, s'ils n'ont pas fait constater, dans les trois jours, ce déménagement par le maire, le juge de paix ou le commissaire de police.

Dans tous les cas, et nonobstant toute déclaration de leur part, les propriétaires ou principaux locataires demeureront responsables de la contribution des personnes logées par eux en garni, et désignées à l'article 15.

§ 10. *Des portes et fenêtres.*

24. A partir du 1er janvier 1832, la contribution des portes et fenêtres sera établie par voie de répartition entre les départemens, les arrondissemens, les communes et les contribuables, conformement au tarif ci-après, sauf les modifications proportionnelles qu'il sera nécessaire de lui faire subir pour remplir les contingens.

POPULATION DES VILLES et des communes.	POUR LES MAISONS A 1 Ouverture.	2 Ouvertures.	3 Ouvertures.	4 Ouvertures.	5 Ouvertures.	POUR LES MAISONS à six ouvertures et au-dessus: Portes cochères, charretières et de magasins.	Portes ordinaires et fenêtres du rez-de-chaussée, de l'entresol, des 1er et 2e étages.	Fenêtres du 3e étage et des étages supérieurs.
	f. c.	f. c.	f. c.	f. c.	f. c.	f. c.	f. c.	f. c.
Au-dessous de 5,000 âmes............	0 30	0 45	0 90	1 60	2 50	1 60	0 60	0 60
De 5,000 à 10,000...	2 40	0 60	1 35	2 20	3 25	3 50	0 75	0 75
De 10,000 à 25,000..	0 50	0 80	1 80	2 80	4 00	7 40	0 90	0 75
De 25,000 à 50,000..	0 60	1 00	2 70	4 00	5 50	11 20	1 20	0 75
De 50,000 à 100,000	0 80	1 20	3 60	5 20	7 00	15 00	1 50	0 75
Au-dessus de 100,000	1 00	1 50	4 50	6 40	8 50	18 80	1 80	0 75

Dans les villes et communes au-dessus de cinq mille âmes, la taxe correspondant au chiffre de leur population ne s'appliquera qu'aux habitations comprises dans les limites intérieures de l'octroi. Les habitations dépendantes de la banlieue seront portées dans la classe des communes rurales.

25. Le contingent assigné à chaque département sera réparti entre les arrondissemens par le conseil général, et entre les communes par les conseils d'arrondissement, d'après le nombre des ouvertures imposables.

26. Le directeur des contributions directes formera, chaque année, un tableau présentant, 1° le nombre des ouvertures imposables des différentes classes; 2° le produit des taxes d'après le tarif; 3° le projet de la répartition.

Ce tableau servira de renseignement au conseil général et aux conseils d'arrondissement pour fixer le contingent des arrondissemens et des communes.

27. Les commissaires répartiteurs, assistés du contrôleur des contributions directes, rédigeront la matrice de la contribution des portes et fenêtres d'après les bases fixées par les lois des 4 frimaire an VII et 4 germinal an XI, sauf les modifications ci-après :

Il ne sera compté qu'une seule porte charretière pour chaque ferme, métairie, ou toute autre exploitation rurale.

Les portes charretières existant dans les maisons à une, deux, trois, quatre, et cinq ouvertures, ne seront comptées et taxées que comme portes ordinaires.

Sont imposables les fenêtres dites *mansardes* et autres ouvertures pratiquées dans la toiture des maisons, lorsqu'elles éclairent des appartemens habitables.

Les fonctionnaires, les ecclésiastiques et les employés civils et militaires, logés gratuitement dans des bâtimens appartenant à l'état, aux départemens, aux arrondissemens, aux communes ou hospices, seront imposés nominativement pour les portes et fenêtres des parties de ces bâtimens servant à leur habitation personnelle.

§ II. *Des réclamations.*

28. Tout contribuable qui se croira surtaxé adressera au préfet ou au sous-préfet, dans les trois premiers mois de l'émission des rôles, sa demande en décharge ou réduction. Il y joindra la quittance des termes échus de sa cotisation, sans pouvoir, sous prétexte de réclamation, différer le paiement des termes qui viendront à échoir pendant les trois mois qui suivront la réclamation, dans lesquels elle devra être jugée définitivement.

Le même délai est accordé au contribuable qui réclamera contre son omission au rôle. Le montant des cotisations extraordinaires qui seront établies par suite de ces dernières réclamations, soit en contributions personnelle et mobilière, soit en portes et fenêtres, viendra en déduction du contingent de la commune pour l'année suivante.

Ne sont point assujetties au droit de timbre les réclamations ayant pour objet une cote moindre de trente francs.

29. La pétition sera renvoyée au contrôleur des contributions directes, qui vérifiera les faits, et donnera son avis après avoir pris celui des répartiteurs.

Si le directeur des contributions directes est d'avis qu'il y a lieu d'admettre la demande, il fera son rapport, et le conseil de préfecture statuera. Dans le cas contraire, le directeur exprimera les motifs de son opinion, transmettra le dossier à la sous-préfecture, et invitera le réclamant à en prendre communication, et à faire connaître dans les dix jours s'il veut fournir de nouvelles observations, ou recourir à la vérification par voie d'experts. Si l'expertise est demandée, les deux experts seront nommés, l'un par le sous-préfet, l'autre par le réclamant, et il sera procédé à la vérification dans les formes prescrites par l'arrêté du gouvernement du 24 floréal an VIII.

30. Le recours contre les arrêtés du conseil de préfecture ne sera soumis qu'au droit du timbre. Il pourra être transmis au gouvernement par l'intermédiaire du préfet, sans frais.

§ 12. *Dispositions générales.*

31. Il sera soumis aux chambres, dans la session de 1834, et ensuite de cinq années, un nouveau projet de répartition entre les départemens, tant de la contribution personnelle et mobilière que de la contribution des portes et fenêtres.

A cet effet, les agens des contributions directes compléteront et tiendront au courant les renseignemens destinés à faire connaître le nombre des individus passibles de la contribution personnelle et mobilière, le montant des loyers d'habitation et le nombre des portes et fenêtres imposables.

32. Toutes dispositions contraires à la présente loi sont et demeurent abrogées.

§. 13. La question de savoir si l'individu qui se trouve momentanément dans une ville, logé en hôtel garni, est soumis à la contribution mobilière, s'est présentée devant le conseil d'état le 27 septembre 1834, et il a été décidé que l'occupation temporaire d'un logement garni ne confère pas la qualité d habitant, et ne soumet pas à l'application de l'art. 16 de la loi du 21 avril 1832.

§. 14. La disposition de l'art. 17 ci-dessus rapportée, a donné lieu à de nombreuses difficultés et à plusieurs pourvois contre des arrêtés du conseil de préfecture. Trois ordonnances des 29 novembre, 13 et 20 septembre 1834 décident: 1° que l'évaluation ne doit pas être faite sur la fortune présumée; 2° qu'on ne peut pas s'attacher à la valeur nue des bâtimens et au parti que le propriétaire peut en tirer; 3° qu'on doit recourir à une expertise pour appuyer la valeur locative de l'habitation personnelle; 4° qu'on ne doit pas prendre pour base unique le revenu foncier.

Voilà des règles qu'il est bon de suivre; mais, il faut le dire, cela ne satisfait pas complètement ceux qui cherchent les moyens d'interpréter sciemment la loi sur la répartition de la contribution mobilière.

CONTRIBUTIONS EXTRAORDINAIRES. — Les villes dont les revenus excèdent 100,000 fr. ne peuvent faire aucun emprunt ni imposer aucune contribution extraordinaire qu'en vertu d'une loi, si ce n'est pour des cas urgens, dans l'intervalle des sessions, et sans que ces contributions puissent excéder le quart de leurs revenus. (Loi du 15 mai 1818.)

Dans le cas d'emprunt ou d'impôt extraordinaire, il doit en être rendu compte aux Chambres, à la session la plus prochaine. (*Ibidem*, art. 45; voyez *Dépenses et Recettes des communes*, §. 17 et 18.)

CONTRIBUTIONS LOCALES. — Le conseil général délibère sur la nécessité de voter des centimes extraordinaires, des centimes fixes ou variables pour faire face aux besoins du département. (Voyez *Conseil général.*)

Le conseil municipal, sur les besoins particuliers et locaux de la municipalité, sur les emprunts, les octrois ou les contributions en centimes additionnels qui peuvent être nécessaires pour subvenir à ces besoins. (Voyez *Municipalité, 2e partie, art. 17 et suivans.* Quand ce conseil vote des centimes additionnels, sa délibération est adressée par le maire au sous-préfet, qui la transmet avec son avis au préfet; ce dernier l'envoie au

Le secrétaire de la municipalité n'a qu'un rang de liseré.

Les conseillers de préfecture portent un habit bleu complet brodé en soie.

Le soin qu'a pris le gouvernement de fixer les costumes n'empêche pas certains fonctionnaires de se vêtir selon leur fantaisie; il en est qui prennent plus de galons qu'ils n'ont le droit d'en porter; il en est qui n'en prennent pas du tout : les uns s'exposent à se faire tourner en ridicule, les autres à faire méconnaître leur autorité.

COURS D'ASSISES. — Elles remplacent les cours de justice criminelle, et se composent, au chef-lieu de la Cour royale, d'un conseiller délégué pour présider, soit par le ministre de la justice, soit par le premier président; il est accompagné de deux conseillers : elles se composent, dans les autres chefs-lieux judiciaires, d'un conseiller de la Cour royale, président, et de deux présidens, ou plus anciens juges non empêchés et d'un membre du parquet.

D'après les dispositions de l'art. 245 du Code d'Instruction criminelle, lorsqu'un accusé est renvoyé à la Cour d'Assises, le procureur général doit en donner avis tant au maire du domicile de l'accusé, s'il est connu, qu'à celui du lieu où le délit a été commis. Ces fonctionnaires sont chargés d'en donner connaissances aux familles, et de transmettre à la justice tous les renseignemens qui peuvent concourir à la découverte de la vérité.

Pour les honneurs à rendre, par le maire et les adjoints du chef-lieu judiciaire, aux présidens des cours d'assises, voyez *Honneurs publics*, §.6.

COURSES DE CHEVAUX. — Les dispositions à prendre pour conserver l'ordre et prévenir les accidens sont de la compétence de la police municipale, qui doit se conformer aux instructions et règlemens publiés par le ministre de l'intérieur, en vertu de l'art. 27 du décret du 4 juillet 1806.

Toutes les difficultés qui peuvent s'élever entre les concurrens au sujet de ces courses sont jugées par le maire pour le provisoire, et par le préfet pour le définitif; sauf le recours au Conseil d'Etat. (Art. 28, *ibid.*)

Les courses de chevaux dégénèrent souvent en vaines représentations sans utilité, si ce n'est pour les coureurs de prix. Les maires doivent veiller à tout ce qui peut conduire au but que s'est proposé le gouvernement, c'est-à-dire à ce qui peut encourager la propagation des chevaux et l'amélioration des espèces.

CRÉANCES SUR DES COMMUNES. — Un arrêté du 9 octobre 1801 impose aux créanciers des communes le devoir d'obtenir du conseil de préfecture une permission, par écrit, pour intenter une action contre elles. Cependant un arrêt du Conseil du 6 septembre 1820 consacre le principe que l'obligation imposée à ces créanciers, avant d'intenter une action judiciaire, n'a pour objet que d'empêcher une commune de soutenir des procès injustes et onéreux, et qu'il n'en résulte pas que l'administration soit compétente pour statuer sur le fond litigieux, en refusant au demandeur l'autorisation de plaider : la nécessité de l'autorisation ne nuit donc en rien aux droits des créanciers.

CRIEURS PUBLICS. — §. 1er. Ce sont souvent des hommes fort suspects. La police doit les surveiller de près ; la loi du 10 décembre 1831 en fournit les moyens en abrogeant celle du 5 nivose an V, et l'art. 290 du Code Pénal.

§. 2. Elle veut qu'aucun écrit, soit à la main, soit imprimé, gravé ou lithographié, contenant des nouvelles politiques, ou traitant d'objets politiques, ne puisse être affiché ou placardé dans les rues, places, ou autres lieux publics.

§. 3. Elle porte que quiconque voudra exercer, même temporairement, la profession d'afficheur ou crieur de ces écrits, soit tenu d'en faire préalablement la déclaration devant l'autorité municipale, et d'indiquer son domicile ; et qu'aucun écrit ne puisse être crié ou distribué qu'après que le crieur aura fait connaître à l'autorité municipale le titre sous lequel il veut l'annoncer, et qu'après avoir remis à cette autorité un exemplaire de cet écrit.

§. 4. Elle punit l'infraction à ces dispositions d'une amende de 25 à 500 fr., et d'un emprisonnement de six jours à un mois, cumulativement ou séparément, sans préjudice de plus fortes peines qui pourraient être encourues par suite de crime et délit résultant de la nature de l'écrit.

§. 5. Ces délits sont poursuivis conformément aux dispositions de l'art. 4 de la loi du 8 octobre 1830, devant la Cour d'assises ou la police correctionnelle, selon les distinctions établies par la loi que nous venons d'analyser. (Voy. *Affiches.*)

§. 6. La loi du 16 février 1834 a déterminé les conditions exigées pour obtenir une nomination de crieur public ; elle donne à la police le droit de la retirer et décide que toute contravention sera punie d'un emprisonnement de 6 jours à deux mois pour la première fois et de deux mois à un an en cas de récidive.

CULTES. — Le culte est l'hommage que l'homme doit à

obtiendrait la démolition ou suppression. (Arrêt de la Cour de Nancy, du 16 février 1831.)

Les dispositions de la loi du 8 mars 1810 qui régissaient cette matière, ont été remplacées par celle de la loi du 7 juillet 1833 qui est d'une exécution plus facile et plus prompte. Cette loi est fort étendue; nous en reproduisons le texte et le commentaire dans notre supplément de législation nouvelle sous le N° V, nous bornant à donner ici le principe fondamental contenu dans l'article premier, qui porte que l'expropriation pour cause d'utilité publique s'opère par autorité de justice.

L'expropriation est en effet trop intimement liée au droit de propriété pour que toutes les discussions qu'elle peut soulever ne soient pas soumises à l'autorité judiciaire.

Les art. 4 à 12 contiennent l'énumération des mesures administratives qui préparent la décision. Les art. 13 et suivans statuent sur les suites de l'expropriation quant aux hypothèques et priviléges; l'art. 21 et les suivans parlent du réglement de l'indemnité; les art. 29 et 47 du jury chargé de régler les indemnités et les art. 53, 54 et 55 du paiement. Voyez SUPPLÉMENT N° V.

EXTRAITS D'ACTES. — Ceux à délivrer par les maires, conformément à l'art. 45 du Code Civil, ne doivent être payés que 30 centimes chacun, non compris le papier timbré.

Le *maximum* pour les municipalités des communes de cinquante mille âmes et au-dessus, est fixé, pour chaque extrait de naissance, décès ou publication de mariage, à 50 centimes, et pour chaque extrait d'acte de mariage à un franc, non compris le timbre.

A Paris, ils ne peuvent excéder 75 centimes pour les extraits de naissance, de décès et de publication de mariage, et 1 fr. 50 cent. pour les extraits d'actes de mariage et d'adoption. (Loi du 30 ventose an XI.)

Un décret du 12 juillet 1807 a réglé ce qui concerne le prix des actes et extraits des registres de l'état civil; il porte :

ART. 4. Il est défendu d'exiger d'autres taxes et droits, à peine de concussion.

ART. 5. Il n'est rien dû pour la confection desdits actes et leur inscription dans les registres.

ART. 6. Le présent décret sera constamment affiché en placards, et en gros caractères, dans chacun des bureaux ou lieux où les déclarations relatives à l'état civil sont reçues, et dans tous les dépôts des registres.

L'exécution de ce décret est spécialement recommandée aux maires par une circulaire du ministre de l'intérieur. Ils seraient responsables des abus auxquels leur négligence pourrait donner lieu; ainsi ils doivent veiller à ce que leurs commis ne prennent aucun droit pour les publications de mariage qui se font dans les municipalités qu'habitent les futurs époux. Ceux-ci sont tenus de rembourser les frais de timbre, mais ils ne doivent aucun droit d'expédition à la municipalité où se fait le mariage.

FABRIQUES, ou Bureaux de Marguilliers. — Les fabriques, dont la fondation est fort ancienne, ont été créées pour veiller à l'entretien des temples, des ornemens et vases sacrés, pour administrer les aumônes, les biens, rentes et revenus autorisés par les réglemens, les sommes fournies par les communes, et généralement les fonds affectés aux dépenses de l'exercice du culte. (Art. 1er du décret du 30 décembre 1809.)

Elles avaient été supprimées par la révolution; mais elles ont été rétablies en l'an x, et un arrêté de l'an xi, les a réintégrées dans une partie des avantages qu'elles avaient perdus. Il porte :

Art. 1er. Les biens des fabriques non aliénés, ainsi que les rentes dont elles jouissaient, et dont le transfert n'a pas été fait, sont rendus à leur destination.

Art. 2. Les biens de fabrique des églises supprimées seront réunis à ceux des églises conservées, et dans l'arrondissement desquelles ils se trouvent.

Art. 3. Ces biens seront administrés dans la forme particulière aux biens communaux, par trois marguilliers que nommera le préfet sur une liste double présentée par le maire et le curé ou desservant.

Art. 4. Le curé ou desservant aura voix consultative. (1)

Art. 5. Les marguilliers nommeront parmi eux un caissier; les comptes seront rendus en la même forme que ceux des dépenses communales.

Cet arrêté et les autres mesures qui en ont été la suite ont été pris dans le seul intérêt de la religion, et non pas pour favoriser telle ou telle paroisse.

La réunion des églises est le seul motif de la concession des biens de fabriques de ces églises; c'est une mesure de justice que le gouvernement a adoptée pour que le service des églises supprimées fût continué dans les églises conservées, et pour que les intentions des donateurs ou fondateurs fussent remplies; ainsi, il ne suffit pas qu'un bien de fabrique soit situé dans le territoire d'une paroisse ou succursale pour qu'il appartienne à celle-ci, il faut encore que l'église à laquelle ce bien a appartenu soit réunie à cette paroisse ou succursale.

Le décret du 31 juillet 1806 porte expressément :

Les biens des fabriques des églises supprimées appartiennent aux fabriques des

---

(1) Le bureau ne doit pas perdre de vue cette voix *consultative* : il arrive trop souvent que les curés ou desservans décident à peu près sans contradiction.

www.ingramcontent.com/pod-product-compliance
Lightning Source LLC
LaVergne TN
LVHW010009230826
846092LV00002B/719

9782329657790